The
Good
Enough
Couple

智慧 婴姻中的

华东政法大学社会工作译库

夫妻相处之道

[比利时]

阿尔方斯·万斯特文根

ALFONS VANSTEENWEGEN

著

许书萍　陈蓓雯 —— 译

Rules

for

a Relationship

社会科学文献出版社
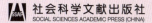
SOCIAL SCIENCES ACADEMIC PRESS (CHINA)

序

在社会建设和社会治理现代化的大背景下，伴随着司法体系的转型，尤其是恢复性司法理念被普遍接受和实践，我国司法社会工作在法律和社会工作两大领域的共同驱动下，实现了快速发展，已形成戒毒社会工作、社区矫正社会工作和青少年社会工作三个制度化的专业方向。在实践模式上，上海的司法社工模式和北京的司法管理模式分别代表着当前我国司法社会工作的两大类型，各具特色。面对新形势，如何推动司法社会工作高质量发展，如何发展中国特色社会主义司法社会工作模式，以及如何培养高水平的司法社会工作人才，这些都是国家与社会给我们提出的新课题。

作为后发国家，我们可以在借鉴国外发达国家成熟做法和有益经验的基础上，探索出符合中国实际、具有中国特色、体现社会发展规律的司法社会工作模式。相较于其他领域，目前我国司法社会工作相关的教材、论著还显不足，对国外经验的译介也较为分散，缺乏系统性。鉴于此，本丛书旨在为此领域的发展尽绵薄之力，推动相关知识的系统化和普及。

华东政法大学于2005年开设社会工作本科专业，并于2014年获批为社会工作硕士专业学位（MSW）授权点。作为政法类大学的社会工作专业，我们一直秉持学校"法科一流、多科融合"的学科发展定位，以人才培养为中轴，学术研究和社会服务双轮驱动，聚焦于司法社会工作和社会治理法治化等议题。经过我们的持续努力，专业建设取得了一定的成绩。2018 年获批进入"上海市属高校应用型本科试点专业建设名单"，2021 年成为"国家级一流本科专业建设点"；社会工作系教师共同编写的教材《司法社会工作概论》在业内具有一定的影响力；"司法社会工作"课程被评为"上海市重点课程""上海高校课程思政领航计划课程"；我们还与专业实务单位合作开发了"未成年人司法保护服务实践"等多门复合型司法社会工作类课程。

为响应国家和社会发展对司法社会工作人才的需求，我们在校内外专家论证的基础上，择选一批国外司法社会工作领域的论著进行翻译。我们期望通过对"他山之石"的学习借鉴，提升符合我国国情的司法社会工作人才培养、科学研究和实务操作水平。本丛书的出版，也是我们进行国家级一流本科专业建设、上海市属高校应用型本科试点专业建设的系列成果之一。

李峰教授

华东政法大学社会发展学院院长

译者序

  和这本书结缘非常偶然。当时我就职的华东政法大学社会发展学院筹划出一套"华东政法大学社会工作译库",主管这项工作的领导找到我,希望我也能参与这项工作。此时,恰好陈蓓雯联系了我,她是我在华东师范大学读研究生时结识的小师妹,后来远赴比利时深造。她说比利时天主教鲁汶大学的一位老师有一本关于婚姻关系的书,已被译为多种文字出版,但让他遗憾的是此书还没有在中国大陆出版。这位老师就是阿尔方斯·万斯特文根教授,他现已80多岁高龄,非常希望能够在他有生之年将他关于婚姻治疗的研究成果传到中国。我听后觉得很感动,刚好华东政法大学社会发展学院也有相关出版计划,心想也许可以促成此事。

  婚姻和家庭一直是我感兴趣的研究领域。我讲授"家庭社会工作"课程多年,在家庭治疗领域已有十多年经验,对家庭治疗领域的文献和观点也还算熟悉,但读完万斯特文根教授发来的英文原稿,还是觉得大受启发。书中关于如何与伴侣相处、对伴侣及与伴侣关系的迷思是如何形成的等内容都显示出作者扎实的实践功底。同时,这本书通俗易懂,提供了很多了实例,对那些即将步入婚姻或是在婚姻中遇到困境的个体来说,可以帮助他们了解婚姻的运作方式,并从中找到解决策略。于是,我们立即与负责此项工作的领导商量,将这本书列入出版计划。因而,也就有了你们现在读到的这本书——《婚姻中的智慧——夫妻相处之道》。

　　本书的翻译由我和陈蓓雯共同完成，我负责前五章内容的翻译，她负责第六章至第十一章及结语、致谢部分的翻译，并由我对全书译稿进行统校。本书得以出版，要感谢华东政法大学社会发展学院的资金支持，也要感谢社会科学文献出版社谢蕊芬女士对本书出版的统筹协调，更要感谢编辑胡庆英老师对我们略显粗糙的译稿进行的认真修改。其他为此书的顺利出版付出努力的老师，也一并谢过！

许书萍

2024 年 7 月 30 日于新加坡

目　录

序　言　　001

1　与伴侣共同生活：友谊式婚姻　　001

2　在婚姻关系中做自己　　053

3　小伎俩和明显的手段　　071

4　沟通　　085

5　认识自己和伴侣：迷思　　109

6　性关系　　149

7　处理情绪　　163

8　婚姻发展阶段和转变　　173

9　决定：离婚还是渐进式改变　　193

10　解决婚姻关系中的冲突　　223

11　共同抚养孩子　　261

结语：爱是动词吗？　　277

致　谢　　279

本书的其他语言版本　　281

序　言

　　伴侣之间产生问题并不表明两人之间关系不佳或缺乏爱意。正是伴侣之间存在差异才使双方不断面临新挑战，迫使双方寻找新的解决方案（那些试图避免这种情况而选择具有相似思维模式和感受的伴侣可能会惊讶地发现，他们之间会迅速变得无聊）。成功解决问题会带来和谐，而不断失败的尝试则会导致伴侣之间产生痛苦。导致伴侣之间不愉快的不是伴侣之间的差异，而是缺乏如何去定义和克服这些差异的方法。

　　本书中有许多解决方案。这是一份关于亲密关系问题的自助指南。读者不仅可以从书中找到具体的实例来帮助自己解决问题，还可以从中得到启发，找到新颖、独特和有创意的解决方案。本书用真实生活中的例子对不利处境以及该如何改变这些不利处境进行了说明。作者明确指出，什么时候都不能得过且过，而是要咨询专家来解决问题。

　　万斯特文根是撰写这一指南的人。他在情感联结和亲密关系领域的造诣令人印象深刻。他曾为数百对夫妻找到了正确的解决方案。归根结底，他自身就是一个睿智而务实的人。

　　对于那些认为使用武力、提高音量或生闷气就能更好地了解对方的人而言，这本书不会有太大用处。那些认为自己的另一半应该能感知到自己所思所感的读者，也不会从本书中得到太多有用的信息。对于那些将别人的感情表达视为唠叨的人来说，这本书确实会让他们感到失望。大部分愿意在亲密关系中投入时间和精力的人都会从万斯特文根的建议中受益。懂得感情需要不断呵护和维护的人，比那些认为伴侣关系是依赖于多年前的感情或曾经爱过的人，会从本书中获益更多。

—— 基斯·范德韦尔登

1 与伴侣共同生活：友谊式婚姻

在本章，我们将首先提出一些与婚姻相关的基本问题。与伴侣共同生活是否仍然可行？婚姻关系可以"自然而然地"成功吗？婚姻关系是一种亲密关系还是一种实用关系？如果婚姻关系变糟，人们能够改变他们的关系吗？什么是一种平等的婚姻关系？要获得这种平等关系，需要先满足什么条件？

共同生活（几乎）是不可能的任务

如果你将与某人生活在一起，你会渴望与该伴侣建立一种良好的关系———种热烈、持久并给彼此带来幸福的关系。步入婚姻殿堂的人往往受到对浪漫和完美婚姻的深切渴望的影响，对婚姻抱有很高的期望。

共同生活很快便将伴侣双方拉回现实世界，他们会发现两人的差异是如此之大，但差异也是生活的一部分。问题是共同生活所固有的，对此有很多种解释。这些问题有时候还会导致两人的关系产生危机，但这些危机也可以促进两人关系向更深层次发展。共同生活并非易事，美满的关系很少自然而然地产生。

在本书中，我们将使用心理学意义上的"婚姻"一词。我们在此提出的建议适用于两个成年人的同居关系，他们可以是已婚或再婚，也可以是民事伴侣关系或仅仅是同居在一起。同居伴侣关系也可以是一个家庭，因此也涉及养育子女的问题。所有这些共同生活的形式都有各自的含义和定义。

很多人都对婚姻抱有浪漫的期待：认为一切美好都会如期而至。这些对婚姻的浪漫期待深受一些理想概念的影响，如合二为一、爱、亲密无间。我们可以总结以下内容来说明这一点。

当我们结婚时，我会完全理解我的伴侣（我的伴侣也会完全理解我）。一旦我们共同生活，我们就会彼此了解。结婚后，我们每天都会相亲相爱，我们永远不会有任何矛盾。大多数时候，我们总是意见一致。对方无须表达，我们便能知晓并满足对方的愿望。这些也是我们这个社会对婚姻的浪漫期望：彼此契合，意见一致，没有任何冲突，永远相亲相爱，从不辱骂对方，从不憎恨或激怒对方。这就是和谐的爱。这也适用于所谓的"全面沟通"。伴侣被视为一个可以倾诉所有事情的人，我可以分享我所有的感受，而他／她会完全理解我。总之，一切都会自然而然地发生。

现实生活却并非如此。现实告诉我们：人是多种多样的。意见一致从来都不持久。一旦生活在一起，伴侣双方都得面对婚姻生活中的各种差异。这样的例子不在少数。

本和维利倒咖啡。本坚信，当维利给他倒咖啡时，他只能喝到半杯的咖啡。对维利来说，"倒满"是半杯多一点。而对本而言，"倒满"就是快到杯子边缘的满满一杯。维利认为，这十五年来，本一直给她倒了太多的咖啡。而本为了得到足够的咖啡，不得不将他的杯子举在维利面前，坚持要她给自己倒更多的咖啡。本认为，维利倒的咖啡太少。

维姆和凯瑟琳车上的遮阳板。在阳光明媚的日子里，维姆和凯瑟琳使用汽车遮阳板的方式截然不同。一大早，维姆就会放下遮阳板，但很少将其重新放回原处。而凯瑟琳每次经过阳光明媚的街道时，便会放下遮阳板；每当拐进阴暗的街道时，她都会把遮阳板竖起来。竖起来，又放下，这让维姆难以置信，且很容易就让他恼火。

巴特和伊芙琳的杯子。早晨，当巴特清理桌子上的咖啡杯时，他一次拿一只。伊芙琳的杯子里总会剩下一点咖啡，他自己的杯子则是空的。对巴特来说，杯子空了意味着一滴不剩。对伊芙琳来说，空的意思是底部还剩一点。巴特并不觉得这很烦人。但每次他要把杯子放进洗碗机时，都要先把伊芙琳的杯子里剩下的一点咖啡倒进水槽。这是生活中的一个细节，一个他每天都在处理的细节，十五年来，反反复复……这真的很烦人。小小的障碍，小小的怨恨……

安迪和内莱的冷暖感知。内莱喜欢早上暖和，晚上凉爽。安迪喜欢早上凉爽，晚上暖和。早上，内莱喜欢关着门，室内必须保持温暖。安迪更喜欢开着门，室内感觉更为凉爽，这样可以帮助他清醒。到了晚上，情况正好相反。安迪喜欢暖和，而内莱喜欢凉爽。事实上，这只是生活中的一件小事。但每天早上都会重复，内莱都会对安迪说："关上门！关起窗子！你不知道这样我有多冷吗？"他回答说："好的，但是我觉得太热了！我无法完全清醒，我喜欢凉快一点。"这确实是小事一桩。但因为他们共同生活，彼此相互了解，这样的分歧便会每天上演。

1　与伴侣共同生活：友谊式婚姻

马丁和蒂娜的牙膏。马丁和蒂娜使用同一支牙膏。马丁是一个认真负责的人，他总是从底部挤压牙膏管。而蒂娜则喜欢从牙膏管的中间开始挤。每天，一天两次。当然，如果从中间挤，牙膏也会被挤出来，但这不是马丁的习惯。马丁小心翼翼地将牙膏从尾部挤出，直到用完最后一点牙膏。蒂娜从中间挤。这样也很好，但这会使牙膏管向两头膨胀。每天都是如此。这也仅仅是一个看起来并不重要的小细节，但几年之后，它开始让你感到沮丧。

只要与伴侣一起生活，每天都得面对彼此的差异。这些差异通常很小，但每天都会发生。可能是摆放餐具、吃早餐的方式不同。这些差异会让人想起各自的原生家庭。这都是些小事，本身并不那么糟糕，却会不断出现。就像一个男人每晚想亲热时，他的太太却想要吃一个苹果，这让他很恼火。每天晚上都是如此。有很多小事会让你有点恼火：擦鞋、挑选衣服、穿衣服、坐着、站着、在房子里走动。没有人会为这些事情生气，但你会因为它们而变得烦躁。这些小事会时不时"掐"你一下。

那些最终生活在一起的人也会遇到重大分歧。在这些分歧中，双方都希望对方做出让步，甚至放弃某些东西从而维持他们之间的关系。这些分歧背后都是关于对"如何与伴侣生活"这一问题的回答。诸如与伴侣一起生活意味着什么？作为丈夫或是妻子意味着什么？每个人对这些问题的回答都会受到原生家庭的影响。长大后，每个人都有这样的经历："这就是我想要的婚姻。"但我们大多数人也曾遇到过："这不会发生在我身上，我会用不同的方式来处理。"伴侣之间的差异总是存在的。即使是和一个与你生活在同一个街道、说着同样的方言、处于同一社会阶层、受过同样教育、有着同样政治信仰的人相比，我们每个人都是在一个独特的家庭中长大的。同一条街上的家庭之间也可能会有非常大的差异。卡雷尔和琳达就是这样的例子。

*卡雷尔和琳达的原生家庭。*卡雷尔的家庭非常重视工作。第一，生活为了工作，工作为了生活。要想在生活中取得成功，就必须努力工作。要想出人头地，就必须付出时间和努力。在他成长的家庭中，这是一个优先事项。第二，储蓄很重要。尽量勤俭节约，不要浪费。第三，结婚后，拥有自己的房子很重要。可以盖房子或是至少有一套装修很好的房子，这是生活中必不可少的一部分。第四，孩子非常重要。你得为你的孩子而活。作为父母，你的首要任务只有一个，那就是让你的孩子比你更幸福，比你走得更远。父母为子女而活。父母在家庭中享受休闲时光、出去参加聚会或泡吧都是很不好的方式。和朋友互相拜访亦不是很好的方式。即使成年后，卡雷尔每次去餐厅也依然会感到不自在，因为小时候这种社交行为在他们家是不被允许的。他的父母也很少邀请客人到家里。可以说这是一个封闭的家庭。很少有客

人来访，也许偶尔会组织一次家庭聚会，客人们从早到晚都在那里吃饭。在他们看来，这才是聚会的正确方式。卡雷尔的家庭认为没有必要有很多朋友或熟人。

　　而琳达的家庭成员都在政府机构工作，她的家庭认为工作是重要的，升职终究会来的。琳达的家庭和卡雷尔的家庭对待工作的态度显然是不同的，虽然琳达的父母也认为工作很重要，但你不必为之付出全部精力。如果你有收入，为什么还要继续储蓄？人生只有一次。为什么要控制开支呢？可以经常去度假，买你喜欢的东西，一定要玩得开心。存钱是为了什么？为什么想要拥有一套房子？有时候因为工作变动，总归会搬几次家的。拥有房子不是一个明智的决定，它只会带给你烦恼。孩子呢？孩子只是生活中的一个选择。你可以有孩子，但他们不应该成为你生活的理由。相反，一旦有了孩子，就应有专门的照料者或是母亲来照顾他们，男人则不应该花太多时间在孩子身上。孩子是生活的一部分，但他们不应该成为家庭生活的目标。外出和社交也很重要。聚餐不是必需，但聚餐是与人会面和社交的好理由，相反，他们认为饮酒在社交中非常重要。

　　这并不是说卡雷尔和琳达是一对有问题的夫妻，他们是一对普通的夫妻。当人们开始共同生活时，自然会遇到一些问题。同居意味着什么？结婚意味着什么？做丈夫意味着什么？做妻子意味着什么？为人父母又意味着什么？这立即引发了一系列的问题。有一份工作或事业有多重要？如果我们有工作，收入对我们有多重要？我们会存钱投资还是明智地花钱？是否有必要节约开支？我们是租房子还是拥有自己的房子？我们要孩子吗？如果要的话，孩子是我们生活的重心还是仅仅是生活的一部分，抑或只是将他们视为一个在成年后最终会再次离开我们的访客？我们会有社交生活并结交好友吗？我们要让大家都知道我们是结婚了还是只是关起门来过自己的日子？我们是合法婚姻还是以民事伴侣同居？

注意，对这些问题的回答并没有对错之分，只是每个个体对生活的愿望和期待不同，他们必须去面对。共同生活的意义以及如何实现共同生活是他们必须共同解决的问题。例如：同样认为"父亲应该成为孩子生活的一部分"，在一个家庭中，父亲看报纸，他的孩子们在同一个房间的地板上玩耍；在另一个家庭中，父亲每天辅导孩子们做功课，并帮助他们理解学校所教的内容。该如何定义"父亲是孩子生活的一部分"呢？父亲或母亲的角色是什么呢？角色中应该包含哪些内容呢？受童年经验及原生家庭的影响，每个个体都对婚姻有不同的期望和价值观，因而不同个体对这些问题可能会有截然不同的观点。他们对这些问题的回答主要基于个体的价值观。

矛盾总是存在的，但婚姻是一种特殊的情况。如果你和同事意见相左，经过几次讨论后可以达成共识。婚姻是一种截然不同的关系。你们被紧紧拴在一起。这是已知的最亲密的关系，此外，它还意味着天长地久。

一旦你们步入婚姻殿堂，就注定要长久持续。婚姻关系确保了两个人亲密而持久的关系，差异就成为这种独特关系的一部分。婚姻关系亲密而持久的特性会使两人之间大大小小的差异变得更加深刻和重要，因为这些差异会在婚姻生活中反复出现。你当然不能说："我们之间有分歧，不过没关系，因为明年我会换一个队友。"相反，我们会说："虽然我们如此不同，但我打算努力和你在一起，并尽可能长久地保持亲密关系。"婚姻生活中这种与彼此的差异共处的情形类似于和褥疮相处。

褥疮是因你长期卧床而导致的伤口。因为不能动弹，你的身体和床接触的部位就会出现一个类似于烧伤的伤口，而且难以愈合。

在婚姻中，也会发生类似的事情。细微的差异就像沙砾一样。由于彼此近距离共同生活而导致每天不断产生摩擦。每时每刻都必须面对伴侣可能有的奇怪的习惯，那些令人厌烦的行为，那些令人讨厌的动作。它一次又一次、一次又一次地刺激着你，直到最后造成像褥疮一样的伤口。换句话说，这种无休止重复的差异让人恼火，让人厌烦。每次巴特清理桌子时，每次马丁①刷牙时，每天早上内莱走进浴室时，这些彼此间的差异一直在。每次他忘了什么事，她都会心烦意乱。这种事情不是

---

① 原文为"Marren"，根据前文例子，此处应为"Martin"（马丁）。——译者注

只发生一次，而是重复发生了无数次。每次她在床上吃苹果时，每次他说要做什么却没有做时，都会让另一个人失望。正是两个不同的人需要长期且近距离地相处，才使共同生活成为一件困难的事情。婚姻之所以艰难，是因为两个人近距离长期生活在一起。这就会造成一些小疮口、小伤口。一些小障碍，经年累月就会变成大问题。

如果把这些都算上，则这些都是共同生活中固有的问题。分歧是婚姻的一部分。这是正常的，也可以说是健康的。两个人结婚后会不时产生一些问题，这是无法避免的。没有摩擦的亲密关系是不存在的。就像朋友关系、同事关系或是在社团组织中一样，大家可以通过彼此协商来解决问题，以达成共识并建立一种全新的、更良好的关系，婚姻中也会发生同样的情况。但这并不意味着彼此间不会继续出现新的问题。

当婚姻关系出现问题时，会发生一些有趣的事情。似乎大多数问题在得到解决之前都会变得更糟。让我们来看看这是为什么。有四个可能的原因。

第一个可能的原因：其中一位伴侣拉了紧急制动装置并去寻求帮助。他／她对婚姻关系已经感到崩溃，并对伴侣说："就这样吧。我无法继续忍受了。我要请专业治疗师，甚至律师来帮忙。"而另一方听到这种话时觉得很震惊。每个人都有想放弃的时候。你的伴侣甚至会想："我以前听他／她说过这样的话，但我们总是能把事情解决的。"然而在某一次它真的发生了。伴侣中的一人告诉专家，他们再也无法处理这些问题，这次是真的。但另一方还是觉得非常震惊，他／她完全没有意识到情况已经失控。事情本应像往常一样自行解决。但这一次，两人中的一人按下了恐慌按钮，使得情况在变好之前变得更加糟糕。

第二个可能的原因：当双方还不清楚问题的根源是什么时，试图让事情变得更好有时会让事情变得更糟。为什么我们一直在做我们不想做的事情？事后，人们才意识到自己的行为很幼稚。你不想吵架，我也不想吵架，但为什么我们总是以吵架告终？你最终会做出一些你并不想要做的事情，而你却不知道这些模式是如何形成的。很少有人了解婚姻是怎么回事，它是怎样运作的，是什么让婚姻变得如此复杂。由于没有有关婚姻的蓝图，缺乏对婚姻问题实际的、有用的洞察力，婚姻中的问题更难以解决。学校里并不教人如何处理婚姻关系，在你成长过程中也很少有人和你解释。该如何解决婚姻中的问题呢？

第三个可能的原因：婚姻问题之所以会变得更糟，是因为夫妇双方之间没有达成共识。这里用一个和沉默寡言的男人一起生活的例子来说明这一点。

沉默的约翰。约翰是一个安静、沉默寡言的人，你必须用力"摇"他，才能从他嘴里问出点什么。他只是坐在那里，什么也不说，或者几乎什么也不说。这让他的妻子丽莎

感到无比沮丧。丽莎为约翰话不多而烦恼，觉得他没有给予她足够的关注。他们之间真正的联结很少，丽莎在这段关系中觉得孤独，她认为必须有所改变。约翰也同意她的观点，只是他们对这方面的看法大相径庭。丽莎认为："如果你希望我们俩的婚姻真正运作，你必须把它讲出来。如果你真的希望的话，一定可以做到的。"她对婚姻问题的看法来自"想做"和"去做"，关键在于意志力。她会告诉他："如果你真的想好好过日子，你'会'和我说话的，你就是'不想'。"但约翰的看法截然不同（只是也有他的道理）："如果有话要说，我自然会说。但没有理由强迫自己没话找话说。如果我有话要说，我会说的。它会自然而然地发生。"毕竟，她认为，和一个因为觉得有义务说什么而说话的男人生活在一起并不是一件有趣的事。他认为婚姻问题会自发解决。如果你必须用意志力来强迫某事发生，那是行不通的。他们就这样僵在那里。丽莎很不高兴，因为约翰几乎不和她说话；约翰也很生气，因为他觉得虽有义务和她说话，但自己无话可说。结果，两个人都很不开心。

让问题变得更加糟糕的是，一个故事总有两面性。在丽莎和约翰的婚姻关系中，我们可以看到"沉默寡言的约翰"，也可以把它描述成"孤独的丽莎"。这是同一个婚姻问题，只不过是从两个角度来看——自发性与意志力。婚姻问题会变得更糟的第三个原因是当婚姻问题需要解决时，双方却对真正的问题持不同的看法。

婚姻关系变糟还有第四个可能的原因，它与第三个原因密切相关，就是伴侣双方共同寻找解决问题的方案时，无法就使用哪种方法解决当前问题达成一致。让我们用前面的例子来阐明这一点。丽莎认为解决问题的正确方法是靠意志力。她常对约翰说："你就没有什么对我讲吗？让我们来谈谈这个。你看，你总是那样沉默，你对我总是无话可说，你和我说说话啊！"而约翰很可能会反驳说："我真的无话可说，我无法在没有想法的时候强迫自己与你交谈。"他认为解决的方法就是在他认为合适的时候，让事情自然而然地发生。

这是每个人都可能遇到的婚姻关系在改善之前可能会变得更加糟糕的四个主要原因。这就是所谓的问题情境。这意味着问题会持续存在，甚至会变得更糟。问题恶化的原因是夫妻双方并不熟悉他们关系中的行为模式，他们对真正的问题是什么没有一致的看法。一方按下了恐慌按钮，而另一方却大吃一惊，他们无法就当前问题的解决方法达成一致。

此外，还有另一个原因可以用来解释为何共同生活会带来问题。婚姻并非一成不变。婚姻会发生变化并经历不同的阶段。没有子女的新婚夫妇与有成年子女的夫妇的婚姻所处的阶段完全不同。孩子正处于幼儿阶段与正处于青少年阶段的家庭也截然不同。有些时候，你看到一对夫妇，会想"他们和青少年在一起会很好"，而看到另一对夫妇，你会想"他们会是很好的新手父母"。但不幸的是，你通常是在有了孩子之后他们才会成长为青少年。尽管如此，我们还是可以看到有些夫妇在抚养孩子上很有天赋。有些夫妇则完全没有这方面的天赋。有些人根本不知道如何照顾新生儿，但擅长与青少年谈论生活和人际关系相关的话题。

每段婚姻都会经历几个阶段。让我们来总结一下：无子女阶段、有新生儿阶段、第一个孩子进入幼儿园（这个阶段通常非常具有戏剧性）或小学阶段、孩子进入高中阶段、第一个孩子离开父母的阶段、所有孩子都离家后重新点燃爱火的阶段（以前也称"空巢综合征"）。最后一个阶段通常是最困难的，因为伴侣双方将再次面对彼此及彼此的差异。如果说孩子是维系夫妻感情的唯一纽带，那么到了这个阶段，就再也没有什么可以维系了。婚姻已经没有挽回的余地了。孩子可以是父母之间的缓冲器，也可以是将他们分开的撬棍，还可以是将他们维系在一起的黏合剂。

在婚姻的每个不同阶段之间都有一个过渡期，我们将其称为危机期（见图1-1）。婚姻中会出现问题是再正常不过的现象，因为每段婚姻都必须经历这些不同的阶段和危机。并不是每一个能很好地处理孩子的问题的家庭，都能以同样的方式处理青少年的问题。这是一种截然不同的生活方式。此外，婚姻关系本身的不同阶段也会引发危机，因此长期的婚姻关系总离不开各种问题。要处理这些问题并不容易，婚姻并不会自发运转。

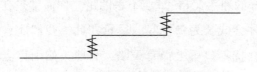

图 1-1　不同婚姻阶段的危机期

说明：图题为译者加。

一旦考虑到这一切，就会发现我们不应该在婚姻中期待百分百的幸福。鉴于之前讨论过的原因，试图追求完美的婚姻显然是在追求不可能之事，它根本无法实现。你必须从另一个角度来看待这个问题。一旦步入婚姻，就必须付出努力，每一方都必须考虑自己在这段关系中的投入和可能从中获得的收益。婚姻关系要求双方都付出大量的时间和精力。它需要你付出甚多，不只是经济上的付出，还有情感上的付出，以及作为一个人的所有层面的卷入。有时它可能是非常痛苦和艰难的。但是，它塑造了你。夫妻双方都可以从良好的婚姻关系中获益良多：它能让你感觉良好，给你带来快乐。它可以给你力量、支持、陪伴和亲密，这些都是你在其他地方很少能找到的。

我们想象有一个天平，在天平的一端放入所有婚姻需要你投入的耐心、宽容、精力、时间、努力等，在天平的另一端放入婚姻可以带给你的好处——幸福、舒适、满足感、自我实现及有人相伴。如果我们将两端进行比较，当天平朝着恰到好处的方向倾斜时，我们称之为积极的婚姻。所谓积极的婚姻，是指我们在这段关系中获得的好处超过了我们为维持婚姻关系所付出的精力和努力。一方可能会试着减少自己的付出，而希望获得更多。如果双方都希望从这段关系中得到更多、投入更少，那么这种婚姻几乎是不可能持续的。如果双方都觉得从婚姻中获益良多，那么就应该感到满足。但不能将标准定得太高，世上真的没有完美的幸福婚姻。这实际上是一种成熟的满足感。换句话说，这种满足是有限的满足。一方必须知道，另一方在什么情况下衡量这段关系时，他们很开心能处在这段关系中。"尽管有时候我会感到沮丧、恼火和不耐烦，有时我也感到悲伤、孤独或怨恨，但总的来说，我还是觉得我的婚姻是美好的。归根到底，这些付出总算是值得的。"总之，努力是值得的。到此，我们可以对第一个主题进行总结了。

在第一个主题中，我们确定了：婚姻并不是一件简单的事情，现如今，它几乎是一项难以完成的壮举。这是因为人们对婚姻关系应该如何经营抱有不切实际的期望。人们对于婚姻所抱有的合二为一、坚如磐石、琴瑟和鸣等浪漫的想法在现实中不堪一击。因为婚后伴侣双方都得面对共同生活中彼此的差异。我们总结出两类差异：一类是很小的差异，但它们对婚姻关系有着举足轻重的作用；另一类是大差异，诸如对婚姻意义的认知等。由于夫妻双方需要共同生活并共度一生，所以这些差异必然会引起摩擦。这本身也会带来问题。我们已经看到，当你把注意力集中在这些小问题上时，它们会变得更加严重。只有伴侣双方想要处理这些问题时，情况才会恶化。一方先按下了紧急按钮，然后双方都挣扎着寻找问题的根源。他们对问题没有共同的看法或未达成共识，最后他们可能不知道如何找到共同的解决方案。此外，婚姻关系是不断变化的，不同阶段之间的过渡也可能会导致危机，所以维持长久的婚姻关系本身就是困难的。

在本书的其他部分，我们将提供一些关于婚姻如何运作以及使用哪些方法来解决冲突的见解。本书包含一些婚姻的基本模型、观点和框架，因而我们可以更清楚地看到具体的问题所在。它可能有助于寻求解决方案。此外，本书还将就如何处理不同情况提出建议。通过观察各种实例，某些思维模式和方法变得显而易见。这些都是经过多年婚姻生活后得出的见解，它们产生了积极的效果，经受住了时间的考验。

两种关系

在第二个主题中，我们将明确区分两种关系——实用关系和亲密关系。

首先，让我们来看看实用关系。实用关系是指两个人为了除婚姻以外的目的结合在一起。尽管看不出两人的结合与婚姻有什么关系，但确实存在纯粹的实用型婚姻。

*皮特和伊莱恩的实用型婚姻。*皮特和伊莱恩是一对结婚十五年的夫妇。他们已经有三个年龄介于十岁到十三岁之间的孩子。皮特有一份全职工作，而伊莱恩则做着一份兼职工作。他们生活富足，有一栋大房子和两辆汽车。家庭的一切功能运转良好。孩子们得到了很好的照顾。虽然常常是父母中的一方刚刚进家门，另一方就得出门工作，但家里所有的事情都被安排得井井有条。他们收入稳定、餐食丰富、衣着光鲜。父母中的一方会仔细检查孩子的家庭作业。若一方带他们看牙医，则另一方会接送孩子学音乐或是参加田径运动。一切都被安排得妥妥当当。然而，皮特和伊莱恩却是分房睡的，他们之间已经没有感情上的交流与联系。事实上，伊莱恩与另一个男人有着亲密关系。在对各方面因素进行全面考量之后，他们发现同住在一个屋檐下是最好的选择，即使仅仅是物质上的原因。住在一起更明智，孩子们也有一个完整的家。皮特和伊莱恩住在一起，已经不是为了婚姻，而是两个人可以得到保持婚姻完整的好处。"我们共同拥有一

套房子，为什么要卖掉它？如果我们把所有东西都分了，那么我们俩拥有的财产都会变少。"

实用关系更像是契约关系。婚姻的目的不再是保持婚姻关系，而是一笔交易。维持这样的婚姻是因为他们住在一起的好处更多，同住一处居所，共用一台冰箱、一台洗衣机等在经济上更划算。

*托尼和希尔德：沉默的夫妇。*托尼 64 岁，希尔德 62 岁，他们是农民，住在一个大农场里。他们的三个孩子都已长大成人，几年前就搬走了。现在这个大型农场的工作全由他们两人负责。他们的性关系早在 25 年前就结束了。那时希尔德需要做一个妇科手术，在手术后的康复期他们无法进行性生活，之后就再也没有恢复过。十年前的一次争吵后，他们决定分房睡。两年前，托尼决定不再和希尔德一起吃饭。现在他们分开吃饭：希尔德得等托尼在厨房里做完了饭，才进去给自己做饭。他们已经好几个月没说过一句话了。但他们仍然住在一起。他们只就农场的生意交换必要的信息。当咨询师问他们继续住在一起并保持婚姻关系的目的或原因是什么时，他们简短地回答："我们一直为这个农场辛苦付出。"他们都是非常卖力的人，并且愿意将时间花在维持农场的业务和发展上。"如果有一天我们的儿子愿意接

手农场事务，那我们的辛苦就不会白费了。"这就是一种实用型的婚姻关系，维持婚姻的目的是保持农场的正常运转。希尔德与女儿们的关系很亲密。每个周日下午，女儿们都会来看望她。这时希尔德便可以向女儿们抱怨托尼。而托尼则在星期天礼拜结束后，去探望住在附近的未婚姐妹，他也借此发泄一下对希尔德的抱怨。

接着让我们谈谈亲密关系。在亲密关系中，人们的目的在于关系本身。人们生活在一起就是为了在一起，在一起就是他们的目标。"我喜欢你，所以想和你在一起，你很有趣。我在这段关系中感到很舒适。"亲密型婚姻关系是以两个人在一起为共同目标，除了在一起，没有其他原因。他们生活在一起是因为这能给彼此带来幸福感。如两个人都需要一个舞伴，因此都在寻找另一个舞伴。这与情侣约会出来跳舞的原因不同。他们一起跳舞的原因是他们彼此喜欢，这反过来又成为他们一起跳舞的理由。在他们看来，在一起才是最重要的，他们把跳舞作为走出家门并在一起的理由。在第一种情形下，一个人是为了找舞伴去跳舞，这就是一种实用关系；第二种情形则是我之所以去跳舞是因为要和他／她在一起，这就是一种亲密关系。

让我们再用打牌来说明这两种不同类型关系的区别。有些人打牌是因为喜欢打牌或是赌博，甚或是为了赢钱。另一些人将打牌看作一种社交方式，在牌桌上可以和他人共度时光并建立亲密关系。有时这两类人可能一起出现在牌桌上。如果四个玩家中有两个玩家以赢钱为目标，而另两个玩家却边打牌边聊天，那么很可能会出现意见分歧。第一种类型的玩家可能会坚持让其他人停止聊天并专注于打牌，而另外两位玩家却不理解为什么你不想在打牌时聊聊天，打牌仅仅是社交场合中的一种"作料"。这就是实用关系与亲密关系的区别。

我们必须更加深入地研究这种亲密关系，因为这才是最重要的关系。现代婚姻是一种友谊式婚姻，它比以往任何时候都更加注重彼此之间的亲密感。今天的年青一代可能永远不会明白，过去的婚姻更注重实用价值，对亲密关系的关注比今天要少得多。首先，我们应该进一步阐述什么是亲密关系。

第一，在亲密关系中你可以做自己。看到这里，大多数人会认为："这太可笑了，如果我不做自己，我就不是我自己了。"但事实未必如此。我们中的大多数人可能都会有这样的经历：必须扮演特定角色，而在这个角色中我们无法成为自己真正想成为的人。人们常说："在工作中必须面带微笑，对顾客友好和善；你应该始终保持好心情。"在亲密关系中，却不必如此。在亲密关系中，我可以成为我想成为的人，我可以有缺点，我可以沮丧或悲伤，我可以不开心或表现得疯狂。在这方面，亲密关系就是一种可以做自己的关系，我可以成为我想成为的人，做我想做的事，这其实很奢侈。我不必假装自己比真实的自己更好，也不需要时刻戴着面具生活。你不必小心翼翼地讨

婚姻中的智慧

对方的欢心。在亲密关系中，你不必强迫自己以某种方式行事，你只是做你自己，包括你的不足，这非常重要。"有时我会表现得愚蠢而疯狂，我可以做一些傻事或犯一些愚蠢的错误。有时候忘记一些东西也没关系。我可以无忧无虑地做我自己。"

第二，亲密关系是一种可以表达情感的关系。在这段关系中，你可以发表你的观点。"当我悲伤的时候，我就可以这样。"但这里提的重点是你可以表达感受。"我今天很不开心，而且我可以不开心。如果我感到不舒服，也可以干一些傻事。"在亲密关系中，你可以轻松表达自己的感受。

当你做某事时，你的情绪会对你产生影响。情绪并不是你创造出来的，而是人类存在的结果。个体不是情绪的创造者，而是觉察者。研究表明，伴侣双方交流负面情绪感受非常重要。负面的理性情绪词语（愤怒、厌恶、嫉妒、失望、恐惧）描绘出伴侣对彼此的负面感受。关系的持久性取决于表达这些负面情绪的能力。例如，"我对你很失望"、"你这样做让我很恼火"或"这伤害了我的感情"。

重要的是，你要及时说出这些感受。如果你只是通过暗示或表现出这些感受是远远不够的，如果你向伴侣表达你最近很受挫，那么你们就有可能一起去寻找解决方案。这在亲密关系中至关重要。如果你压抑自己的感受，它们会通过其他的途径表达出来，比如身体上的疼痛。它们也会反映在你的态度上，并对你们的健康及性生活产生影响。这种间接表达情绪的方式会让以后的处理变得更加困难。

第三，在亲密关系中，伴侣双方能够相互体谅，对彼此感同身受。当一方悲伤或快乐时，另一方能够感同身受。感同身受不是"我和你有同样的感受"，而是"我能理解你的感受以及为什么会有这种感受，你难受时我能体会你的难受，我感同身受"。伴侣双方彼此理解，不是理性层面的理解，而是情感层面的理解，是发自内心深处的理解。还有一些词可以用来表达这一点，如共情、同理心。

第四，亲密关系也包括两人有身体上的亲密接触。这里指的是广义上的身体接触和性方面的亲密接触。性是指互相碰触、牵手、拥抱、接吻、互相依偎、发生性关系及相拥而眠。身体上的接触是亲密关系的第四个要素。真正的亲密关系通常表现为亲吻、轻抚后背、手指穿过对方的发间、彼此拥抱等。所有这些形式的身体接触、身体亲近和亲密接触都是亲密关系的一部分。这是一种彼此都觉得愉快的身体接触。如果两人中有一方觉得不舒服、厌烦或无法忍受另一方，情况就不是这样了。

第五，也是最后一个要素，是时间。建立亲密关系需要花费时间。那些生活在快车道上的人很难与他人建立亲密关系。亲密关系需要放慢脚步，甚至停下脚步。可以说，亲密关系的建立需要两次停下来想一想。首先，你需要停下来想一想自己："我是谁？我想要什么？我感觉如何？"这是关于自我意识、自我探索和自我沉思的。如果我不了解自己，我如何分享自己？

其次，你需要停下来想一想你的伴侣："我开始一点一点了解你，一步一步地，我可以和你分享我的感受。"这都需要时间，快节奏的生活会扼杀彼此间的亲密感。

将这五个要素结合起来，你便可以理解亲密关系。现代婚姻，一种友谊式婚姻，比以往任何时候都更加强调亲密。每段婚姻关系都包含了实用（交换）关系和亲密关系这两种类型。实用（交换）的一面包括将两个人的收入用于支付衣食住行的账单或是贷款，这些也是日常生活中的重要因素。有时，年轻人特别希望能够拥有一段彼此亲密的关系，但他们对生活中物质的一面难以负担，如要找工作、有稳定收入、养家糊口。近年来，由于社会提供了越来越多的原本属于家庭的实用性功能的服务，现代婚姻更加关注亲密关系，而婚姻的实用性则退居其后。在还没有养老金的时代，通常一个大家庭会生育很多孩子，只有这样，当你年老时你的孩子们才会像你当年养育他们那样赡养你、照顾你。如果你没有一个大家庭可以依靠，你就有可能在年老时吃穿都没有着落。那时候的婚姻，实用性或交换的价值与大家庭、婚姻和氏族密切相关。在某些文化中，情况依然如此。在我们的文化中，学校承担了一部分教育孩子的责任，我们会享受最低收入的保障，退休后也可以享有应得的一份养老金、退休金或是社会保障。社会已经建立了一些制度来加强对个人的保障，这使得婚姻中的交换层面已经变得可有可无了。

与此相反，在我们今天的社会中，匿名性越来越强，很多社会生活已完全不需要知道对方的姓名，这使许多关系变得无趣且呈交易性。在大城市购物就是一段与陌生的匿名人同行的旅程。社会的这种变化强调了在共同生活和婚姻生活中追求亲密关系的必要性。问卷调查显示，许多人步入婚姻殿堂并非出于物质方面的考量，而是为了寻求亲密关系。人们需要安全感、欢愉感和可靠感。我们将所有这些要素归结为一个主题，即亲密关系。

在现代婚姻中，亲密关系已经变得非常重要。亲密感一旦消失，人们就会失去兴趣。离婚率居高不下表明，除了物质因素，人们对婚姻关系还有更多的期待。以前的婚姻则简单得多。"这个男人不酗酒，将所有的薪水都用于养家，也不打老婆。那为什么还不幸福呢？"但现在，"那个人"不会因为他不酗酒、不打她并帮助养家糊口就会感到满足。这也不是她嫁给他的原因。毕竟，她现在有自己的收入。她寻求的是关注、理解和生理上的吸引力。如果缺少这些因素，她就无法在婚姻中得到她想要的。或许男性也无法在婚姻中得到他想要的。这就是夫妻双方开始质疑婚姻的时候。

亲密关系的要素并不容易确定。什么时候会感到足够亲密？如何测量亲密关系？在实用关系中，你可以衡量某些要素。孩子们得到妥善的照顾了吗？是否有足够的收入来养家糊口？但亲密关系取决于个人的欲望。有些人需要大量亲密关系，有些人有点过于依赖亲密关系。这是一个主观感受的问题。在现代婚姻中，亲密关系对夫妻来说至关重要。如今，夫妻步入婚姻殿堂，通常是为了从婚姻中得到些什么。重视亲密关系是现代社会的一个特征。它已成为个人问题。

在本章的第二个主题中，我们提出了实用关系和亲密关系之间的区别。请记住，这两种类型的关系同时存在于婚姻中，并且常常是交织在一起、密不可分的。即使你讨厌热的胡萝卜，你也会和将胡萝卜当晚餐的人同床共枕。你会和整天陪你看电视的人亲密无间。你也会与工作了一整天的伴侣聊天。物质方面和亲密感融合在一起。在婚姻中，这两个方面总是相辅相成的。这就是夫妻常常为婚姻中物质方面的小事而争吵的原因，两人之间微小的差异都会引发很大的情绪。如果他不把鞋子放好，她就会失去理智。她为什么要为一双鞋而烦恼呢？怎么能因为一双鞋而让生活被搞得一团糟呢？因为这是她想与之共度一生的男人，她的情感与他、他的鞋子、他的外套、他准备食物的方式及他休闲的方式紧密联系在一起。当有客人来吃饭时，他会帮忙摆放餐具。当她走出厨房时，她会喊道："你没看到你用错刀了吗？如果你爱我，你就会知道晚宴用什么刀！"物质和情感、摆放餐具和对那个人的感情，这一切都联系在一起。

有些婚姻没有处理好物质方面的问题。这些夫妻还搞不清如何生活在一起。他们之间富有激情，彼此深爱，却忘记了生活也需要冰箱或暖气。他们相信爱可以克服生活中的一切困难。

这显然是一个极端的例子。伴侣双方缺乏共同生活的物质基础，他们对此没有制定规则。他们对生活没有规划，相信一切问题都会自然而然地解决。通常情况下，这些夫妻不会走得太远，他们虽然亲密但缺乏对生活的长远规划。

相反的情况也可能发生。有的夫妻将生活安排得井井有条，一切都按计划进行，但他们不太关心对方。他们缺乏对彼此的关注。虽然他们对生活有着清晰的规划，但没有亲密感。

改变？

第三个主题是改变。如果你正在阅读这本书，那么你很可能有一个目标，那就是改变你们的关系，或者至少让事情变得更好。人可以改变吗？当我们询问普通大众时，会得到非常悲观的答案。一般来说，大家不相信人或人际关系可以改变。他们无法改变，因为"江山易改，本性难移"。如果你沉默寡言，那么你从出生到死亡都是这样。俗话说："一日为贼，终生为贼。"一个人如果有一次不值得信任，就永远不再被信任。人们普遍认为，一个人根本无法改变。婚姻关系也是如此。如果你们已经争吵了十年，那么你们接下来的四十年还会继续争吵。为什么你认为这种情况不可能会改变呢？你在谈论婚姻关系时，就像谈论一个具有天生特征的人一样。"他就是这样的人。他一直是一个沉默寡言的人，他永远都是。"

约翰结婚时，他的母亲对丽莎说："你必须学会和他相处，他一直是个沉默寡言的人。他的话不多，他从来没有也永远不会善于言辞。"你认为这是他的一个特质，他生来就是一个安静的、沉默寡言的人。

当使用"性格"这个词时，我们描述的是一种不会改变的个性元素。"性格"这个词用来描述一个人的特质，这些特质将成为这个人从生到死的一部分。将一个人的单一特质投射到整个人是不正确的，这是一种夸大的思维方式。我们可以用一个与婚姻完全无关的例子来说明这一点，但这是一个很贴切的例子。

　　数学结。什么是数学结？它是你后脑勺上一个大约一立方厘米的小球（大约有榛子那么大小）。如果你的后脑勺上有这样的小球，你就非常具有数学天赋。你甚至不必学习。因为你的后脑勺有一个数学结，所以一切对你来说都很有意义，你永远不必为数学而烦恼。但是，如果你没有这个数学结，就不要费心去尝试了。你永远不会成功。即使你将自己搞得人仰马翻，但依然没有办法掌握数学。你的后脑勺没有那个小球。你缺少一个数学结。这是证明人类特质存在与否的一个很好的例子。要么你后脑勺有一个结，要么你没有。它就像肢体一样成为你的一部分。"如果你拥有它，那你很幸运。如果没有，那就不要尝试。你不能强迫它。"这种特质的概念过于夸张，以至于人们将其与物理属性（一个结）混为一谈。我们都知道这是不正确的，但这个例子清楚地说明了人们认为人格特质是如何起作用的。如果一个人非常安静，或者他们不喜欢亲密接触，或者他们不会表达自己的感受，等等，那么这就是这个人性格的一部分。他们就是这样的人。

　　对此我们提出反对意见。我们并不赞同人、人的特质和人际关系是不可改变的。我们人类的很多行为是习得的，而且我们习得的行为比我们所认为的要多得多。遗传学告诉我们，人的特质并不一定是遗传的，遗传的是这种特质或特征的倾向性。

这种倾向性只有在合适的环境中才能发展成特质。比如，贫民窟里的一个孩子拥有莫扎特般的古典音乐天赋。但这个孩子很可能会将其短暂一生中的大部分时间用来在垃圾堆中寻找食物，以维持其生存。由于所处的环境，他永远不会有机会发展自己的音乐天赋，而莫扎特则相反，他是在音乐氛围浓厚的环境中长大的，有机会发展自己的音乐天赋。我们可以确定地说，如果环境不能给儿童提供合适的机会以发展这种天赋，那么这种天赋便会逐渐丧失。当然，相反的情况也可能发生，孩子可以找到离开贫民窟的出路，但这种情况罕见。若环境不提供培养这种特质或才能的途径，那么这种特质或天赋便无法得到发展。他虽具有天赋，但他正在挨饿。他甚至可能活不到十五岁生日。可见，人类的特质不是遗传而来的，但其倾向性是遗传的。

事实上，我们谈论的是行为。我们习得的特质比我们意识到的要多。人们学习如何保持沉默。人们学会以某种方式说话和表达自己。有些人学会了隐藏自己的情感。并非所有这些行为都是被教导出来的，但情况往往如此。这发生在童年早期，也发生在婚姻过程中。有些特质很早就被教导出来了，但有些特质是在婚姻中通过共同生活体现出来的。这一点非常有趣。在婚姻中，夫妻双方可能会学到一些他们并不想学的行为。这里用一个例子来说明。

彼得和安学会了发牢骚。彼得把安变成了一个爱抱怨

1 与伴侣共同生活：友谊式婚姻

的人，但他不记得这是怎么发生的。甚至彼得开始抱怨安就是个爱抱怨的人。这是一个真实的故事，我们只能在事后系统地还原它。彼得不知道事情是怎么发生的，他不知道自己是如何把妻子变成一个爱抱怨的人的。他很不高兴自己的妻子变成了这样。当他下班时，他害怕回到她身边。"她总要抱怨一些事情。"这就是我们能够发现的：当他下班回家时，她确实开始抱怨了。他认为她就是一个爱抱怨的人。这是她的性格，她就是这样的人。事实证明，她并不总是这样。在他们结婚之前，她从未抱怨过，而且在他们结婚的前五年内这也没有发生过。事情变得有趣起来。一个人是如何学会发牢骚的？事情就是这样发生的。最初几年是美好的。他们的婚姻生活井井有条，角色分工也很典型：彼得整天工作，而安则留在家里照顾孩子。最初几年，一切都很正常。当彼得下班回家，一整天都没有和他说话的安开始讲述她和孩子们在一起的一天。反过来，他也向她讲述自己的一天，他们互相倾听。这是一个关键因素：他倾听她的心声。慢慢地，结婚五年后，他开始对听她那些没有太大变化的叙述失去兴趣。他越来越不能专心地听她讲话。回到家后，他开始一边看报纸，一边听她讲述她的一天。"说吧，我在听。我只是顺便看一下今天的体育新闻。"事实上，她知道他没有在听。这让她很恼火。整整一个星期，她说的话他一句也没听进去。直到有一天，发生了一件不太好的事情，她一天生活中的一个小插曲。安说："然后他从楼梯上摔下来了！我以为他昏过去了，担心他可能有脑震荡。他现在没事了，除了头上有些严重的瘀伤。"彼得听到这里，立刻反应道："到底是怎么回事？你带他去看医生了吗？你给他的伤处用冰敷了吗？"突然间，他又对安说的话感兴趣了，他又开始认真听她讲话了。这种模式似乎会反复出现。当她只是向他叙述稀松平常的一天时，他似乎都是听而不闻。几个月过去了，安学会了如何用戏剧化的方式来讲述日常小事。只有这样，彼得才会注意听。彼得说得没错，她确实非常夸大。她能将日常生活中最普通、最平常的小事，比如他们午餐吃了什么，用一种非常戏剧化的方式讲给他听。她说得好像世界末日快到了一样。彼得再一次开始装聋作哑了。这样安变得更加唠叨了。两人之间一个奇妙的互动发生了：她每天唠叨得越多，他就越装聋作哑。渐渐地，他对她充耳不闻了。这也正是她生气的原因。他抱怨她总是抱怨。她抱怨他不再听她说任何话。"如果我不夸大，他就不会听。他就像聋了一样。"她抱怨得越多，他就越装聋作哑。他越装作听不到，她唠叨得就越多。于是，一个不停地说，一个不停地将耳朵关起来。最终，他们陷入了这样的恶性循环。彼得确信他的妻子就是一个爱抱怨的人，因为这是她一直以来的性格。

回顾这个案例，我们可以看出是彼得将他太太训练成这样的。他只有在她讲述戏剧性的事情时才注意听她说话，这是一种奖赏形式。通过奖励某种行为来强化这种行为。安开始越来越爱抱怨，并强化了它的效果，即使他听而不闻。"唠叨妻子"和"耳聋丈夫"的故事表明，很多行为是可以被教导出来的。教导的行为比我们认为的要多。你可以认为这位太太是个爱唠叨的人，但奇怪的是，她和她的朋友们在一起时并不唠叨。与她的家人在一起时，她并不爱抱怨，她只对她的丈夫唠叨。这表明是他们互相教会了对方这种行为。他在工作中能够专注地听同事讲话，但他妻子说的话他一句也听不进去。是她把他训练成"耳聋"，她教导他不要听她的唠叨和抱怨。事实上，这是被教导出来的行为。

因此，出现了两种主要的婚姻观，也可以说是两种哲学观。第一种理念是适应。这是一种接受哲学。如果你想让你的婚姻长久，你就应该安静地接受这一切。这是你可能从父母或祖父母那里听说过的一种理念："关键在于适应。"

第二种理念是要求伴侣做出改变。期待对方改变听起来似乎也很合理。如果这是一种被教导的行为，那么改变这些行为是说得通的。如果这是他们与生俱来的特质，那么你必须去适应，这也是说得通的。在一段美好的婚姻中，我们必须在适应与请求对方改变之间寻求平衡，你不应该忍受一切，但也不应该想要改变一切。解决办法介于两者之间，在婚姻中有时候适应是远远不够的，还必须寻求伴侣的改变。在彼得和安的例子中，安可以要求彼得将报纸放到一边，听她说五分钟。然后他可以继续回去看报纸。直接要求也是寻求关注的一种方式。通过提高嗓门和夸大其词的叙述方式来寻求丈夫的注意力则是不同的方式。你可以要求改变，你不必总是那个唯一需要做出调整的人。给予和接受之间必须保持良好的平衡。每段婚姻都是这样的。

有些人可能会很困惑："我该改变什么？需要改变多少？"这取决于你伴侣的情况。不过，其中也有值得商榷的地方。婚姻的改变少不了做出一定的牺牲。每一次改变都需要付出时间和精力。改变需要做出某些牺牲。这并不意味着现代婚姻需要夫妇双方始终做出巨大的改变和牺牲，除非改变是迫在眉睫且非常重要的。有可能一方要求另一方做出改变，而另一方回答说："我做不到，这对我来说太难了。如果我连这一点也要改变，我就不再是我了。"这样的改变对一方来说代价太高。在一段关系中做自己还是最基本的。所以，如果一方要求另一方做出太多改变，使得另一方不再是他／她原本的样子，这可能会成为离婚的一个原因。若在婚姻中需要失去自我，不再是自己，这样的改变显然成本太高。什么时候代价太大？你愿意因为伴侣的要求而改变什么？什么时候你应该回答"你必须接受我现在的样子，你必须适应这一点"。在每段婚姻中对这些问题的回答都会不同。有些人愿意为了婚姻牺牲一切，我们称之为"关系成瘾"。有些人却根本不愿意让步，原因是如果为维系婚姻关系而付出的代价过大，那么这段婚姻就注定会走向结束。当你的伴侣特别希望你改变，而你又无法做到时，婚姻往往就会停止运转。"如果我必须越过重重障碍才能满足你的愿望，我不会这样做。那么我们只能选择分开。"

这里需要注意的有两个方面。一方面，改变需要努力。婚姻中的改变是一个过程。所有的改变都需要付出努力。改变不会自动地发生。另一方面，人们也不应该以失去自我为代价来改变自己。每个人都必须为自己做出这些决定。如果一方希望另一方做出改变，另一方则必须决定是否可以接受所要求的改变。如果他们不愿意按照对方的要求做出改变或认为这些改变不可能发生，那么他们应该尽早向对方表明这一点。与其等到情况失控，不如提前说"不"。

因此，我们在这里讨论的关于关系的第三个主题是改变。这部分内容我们讨论了一般人并不认为改变是可以实现的。在这里，我们认识到人类的很多特性、性格和行为大多是习得的，且比我们认为的还要多。因而，我们将这一概念应用到婚姻中。婚姻就是在改变与适应中寻求平衡。当一方对另一方要求太多而无法保持这种平衡时，夫妻双方就会开始考虑离婚。

关系式思维

在第四个主题中，我们将讨论关系式思维。为了解释这一点，我们将关系式思维模式与其他思维模式进行对比。我们大多数人都是在一种被称为"个体式思维"的心智模式中长大的。这意味着我们被灌输的是用"我""你""他"来思考。在一段关系中，该如何判断一个人是"个体式思维"模式呢？通常可以从他们在出现错误之后的提问方式看出："这是谁的错？谁先开始的？这是谁做的？谁不正常？谁生病了？谁健康？谁疯了？谁聪明？谁固执？"若婚姻中出现问题，"谁……"的问题通常表明原因在于当事双方中的一方。我们称之为个体式思维模式。要么是你，要么是我。不管怎样，是两人中的一个。个体式思维总是会导致这样的问题："谁错了？"顺便说一句，通常这个问题的答案是"你"。这些问题的后续通常是："你很固执！你很愚蠢！都是你的错！你太刻薄了！是你先开始的！"大多数人倾向于将任何问题都归咎于对方。也会发生相反的情况，会有人将夫妻之间发生的所有问题归咎于自己："是我的错。我错了！我很坏！我有罪！我不够努力！我失败了！"在这两种情况下，总是会回到"谁……"这一问题上。

关系式思维与个体式思维不同。它是另一种运作方式。说到关系式思维模式，我们提出的问题是："是如何发生的？人与人之间是如何互动的？"这是两者之间很大的区别。这是一个不同的问题，是关于两个个体之间是如何互动的问题。这就是关系式思维。它是从两个人的关系本身、互动方式、沟通模式、处理问题的方式、合作及协调的角度来看待问题。所有这些都是关系式思维的同义词。它们讲的是同一件事。关系式思维着眼的是关系本身而不是某个个体，这就是为什么它被称为关系式思维。因此，合作、协调、互动、沟通、行为调整都意味着同样的事情。我们在寻求夫妻问题的解决方案时所使用的语言都是用关系术语来表述的。让我们再来看看彼得和安的案例——沉默者与唠叨者的例子。如果用个体式思维模式来分析这个案例，我们会这样问："为什么安这么爱唠叨？这是她性格的一部分吗？但这似乎也不是她的个人特质，因为她不会在朋友面前那样唠叨、抱怨。"个体式思维也可能会认为这一切都是彼得的错，因为他不认真聆听妻子讲话。但是，我们知道情况并非如此，因为在工作场合彼得听力正常，并且善于倾听。彼得当然不是耳聋。那么，若这两种说法都不正确，则问题的根源是什么？问题在于他们双方的互动模式。彼得教会了安不停唠叨，也可以说是安教会了彼得不要认真听她讲话。我们感兴趣的正是两人的互动方式。如果采用个体式思维模式，那么我们会认为这两人之所以以这样的方式互动，是因为他们的个性使然。他们的性格就是，一个就是爱唠叨，另一个就是不善于倾听，所以他们才会有这样的互动方式。我们要反过来说，是他们的互动方式让彼此变成这样（安变得爱唠叨，彼得变得不善于倾听）。唠叨和不善于倾听是他们互动的结果，而且再次固化为他们的互动模式。

婚姻中的智慧

　　这种思维方式很少被使用，但事实证明它在婚姻中非常重要。它有助于我们思考伴侣之间是如何互动的。前文中我们提到一对总是吵架的夫妻。他们并不喜欢吵架，都希望结束争吵，但还是一吵再吵。我们要提出的问题是：他们之间是如何互动的，是什么导致他们不断争吵？和单纯将他们之间经常争吵归结于我们面对的是一个好斗的男人和好斗的女人（他们两个人都必定有好斗的个性）相比，这是一个好得多的问题。吵架是一种关系现象，一定得发生在（至少）两个人之间（一个巴掌是拍不响的）。要玩这个游戏，你必须有一个和你匹敌的对手，你不可能一个人吵架。争吵的一部分就是说服对方成为你的对手。没有一个像样的对手，争吵就不会精彩。在争吵过程中，你也在时刻关注对手的反应。

　　所以说，两人之间的互动是很重要的。构成人际关系的并不是个体自身、他们的性格、他们的个性特征，而是他们之间发生的事情。关系即互动，是两个人之间的沟通，就像彼此交谈一样，但它包含的远不止这些。

　　关系式思维是从人与人之间的关系和纽带的角度来思考问题。你不能说："那个人有这些特征，所以他们也会这样对待他们的伴侣。"

　　之所以需要说明这一点，是因为许多婚姻中都有一个坏习惯，那就是在遇到困难时一定要找出谁是过错方。他们的争吵总是以"要么是你的错，要么是我的错"而告终。问题不应该是谁对谁错，而是这两个人是如何互动的。在阅读有关人际关系的书籍或参加自助计划时，人们仍然会有这样的冲动，以此来证明自己是对的、伴侣是错的。在为期三周的自助课程中，他们不断证明对方的过错，这正是两人关系的问题所在。"你错了，我可以证明。只要读读这本书，你就会发现这都是你的错。"

关系式思维并不会将伴侣双方分为好人和坏人，而是要学会从关系的角度处理与伴侣的关系，最终找到另一种互动的方式来防止出现分歧或解决两人当前的分歧。学会相互交谈，找到与对方相处的另一种方式，并尝试在不同的层面上建立联结。关系疗法向我们表明这些都是可以实现的，而非去找某一方的过错。这本书的目的不是将伴侣分为好伴侣或坏伴侣。人们在这两个方向上都会夸大其词。有些人总是把责任归咎于他们的伴侣，而有些人则把一切都归咎于自己。这是不对的，过错不在于个人，而在于彼此的互动。

如果你改变了与伴侣的互动方式，那么你们的行为也会随之改变。这样两人之间的关系也会跟着改变。不要指望找出谁对谁错。这不是重点。如果两个人之间关系不顺，但又找不出错在谁身上，那么该如何做呢？下面是一个例子。

　　汉斯和薇琪在莱斯河航行。汉斯和薇琪租了一艘双人皮划艇，沿着莱斯河顺流而下。顺流而下一点也不困难。坐

上皮划艇，顺流而下，一切都很自然。不过，有时河上会变得非常繁忙。有时，水里还会有许多其他船只。当莱斯河上有这么多人时，偶尔会发生两艘船相撞的情况。有时，你可能会被卡在河岸或水中的大石头上。你必须避开其他船只和导致搁浅的障碍物。你必须从左到右移动，并相应地调整位置，以避免碰撞。尽管汉斯和薇琪是一对普通的幸福夫妻，但他们在划皮划艇时也大吵了一架。例如，薇琪想向左移动，而汉斯打算向右移动，并已将他的桨放在右边的水里。船开始转向错误的方向，皮划艇最终搁浅了。当他们决定离开小艇时，艇却进了水，翻了过来。现在，他们都跪在河里，开始互相谩骂。"你为什么要向左走，你应该知道需要向右走！"要知道，这两个人都是划船高手，他们所走的任何一个方向都会让他们远离危险。这并不是说一方会比另一方做得更好，也不是因为薇琪或汉斯技能不够或有过错。问题在于一个人试图向右走，而另一个人却向左走，这才是导致皮划艇搁浅并翻倒的原因。错不在划船，问题在于他们的互动、合作及配合。有很多一起划船的组合都能成功。有些双人赛艇，前划艇手向左划桨，后划艇手紧随其后。在这种情况下，没有任何困难。因为第二位划手会根据第一位划手的节奏进行调整。在婚姻中，也是同样的概念：不是某个不称职的划船人，而是两人如何合作的组合决定了他们手头的任务能否成功。汉斯和薇琪都可以很好地划船，但是当他

1 与伴侣共同生活：友谊式婚姻

们彼此不配合时，就会遇到困境。如果一个人试图划得快一
点，而另一个人却试图慢下来，那么他们可能最终会陷入危
险之中。这就需要团队合作。问题不在于玩家的水平，而在
于你如何玩游戏。

这个皮划艇的例子与婚姻有很大关系。在婚姻中，你也会
问自己同样的问题：一个人对另一个人的行为是如何反应的。
你可以思考一下彼此间的包容性和互动性。如果一个人把桨放
在水里试图停下来，而另一个人却继续划船，那么船就会开始
打转。只有当两个人齐心协力、共同努力时，他们的努力才会
起作用。我们可以用另一个同样涉及船只的例子来说明这一点。

乔、安和他们的帆船。乔和安拥有一艘小帆船。我们
知道，在驾驶帆船时人们习惯把身体侧靠在船舷上，以寻求
平衡或抵消风帆的作用。但在乔和安驾船时，发生了一些奇
怪的事情。乔在船的一侧，身子向外倾斜；而在另一侧，安
也向外倾斜。他们俩各自抓住一根缆绳，身子尽可能向外
倾，头几乎都快碰到水面了。如果你问乔在做什么，他会
回答："你看到安是怎么做的了吗？幸好我在这边保持平衡，
否则我们的船早就翻了！"乔说的很有理。如果你问安同样
的问题，她会回答："你看到我丈夫是怎么做的了吗？如果
不是我在这里保持平衡，我们早就翻船了！"安说的也很合

理。这听起来就像是在说他们的婚姻。然而，他们俩都处在极端的位置，谈论的都是对方的做法以及自己在其中所起的平衡作用，为的是使这艘小船更好地向前行驶。在这个假设中，如果这两人中的一个坐起来，船就可能倾覆。维持婚姻并不容易。夫妻双方都必须做一些事以保持平衡。

他们可以说："如果我们俩慢慢收短绳子，也许就能逐渐控制局面。"要实现这一点，需要做到两件事情，这两件事情在婚姻中都是非常重要的。首先是信任。"如果我逐步收短绳子，我必须相信我的伴侣也会这样做。如果他／她不这样做，我们的船就会翻。如果我想找到更好的平衡点，我相信你也会有同样的想法。"其次是沟通。在这样的关系中，你必须通过沟通来制定一些规则。"如果我将绳子收起几英尺长，而你只收了几英寸，就会出现不平衡，船就会倾斜。"我们必须沟通好何时一起收短绳子。要摆脱这种局面，必须靠信任和沟通，在婚姻中亦是如此。婚姻中伴侣双方的问题若一直悬而未决，每个人都单独寻求解决方案，结果可能会一事无成。单靠一方的努力是不够的。事实上，只有一方寻求改变并非好事，因为如果一方要坐起来去解决他们的问题，那无论如何船都会翻。夫妻之间的平衡是最重要的。问题不在乔身上，也不在安身上，他们之间巨大的差异才是问题所在。如果一个人将绳子收短一英尺，那么另一个人也必须这样做才能保持船的平衡。所以，问题主要在于伴侣之间的关系。一个人不可以对另一个人说："你坐在船的一侧做什么？"因为他们正在做完全相同的事情。如果只有一个人坐直身体，那么可能会造成严重失衡。这是一个改变比例的问题。我们将在本书的后面再次回到这个主题，因为它非常重要。

唠叨者与沉默者以及夫妻划船这样的例子是用来解释"关系式思维"这一术语的。关系式思维是指要从夫妻之间的关系及其互动的角度来分析，而不是将焦点放在个人身上。如果婚姻中出现问题，不应去指责是谁犯了错，而应去探寻两人的互动方式。

平等的关系

　　现在进入第五个主题——平等关系。我们探讨的婚姻关系不仅是一种亲密的关系，也是一种平等的关系。这是什么意思呢？平等式婚姻关系是近年来比较新的模式。在我们的父辈或爷爷奶奶辈及之前，夫妻关系中男性比女性具有更多法定的发言权。婚姻不是建立在平等的基础上，婚姻关系也不是一种平等的关系。在现代社会，大多数人都在努力追求平等的地位，尤其是在婚姻关系中。婚姻可能是世界上唯一可以实现平等关系的地方。这种平等主要包括两个层面。

　　第一个层面，我们将婚姻关系的平等与社会建立的婚姻制度联系起来看。这些年来，社会已经发生了一些变化。曾经的等级制度已被更民主的制度取代。在等级制度下，如果你对你的婚姻有疑问，你可以咨询更高的权威。你可以咨询父母、立法者甚至牧师。人们会遵循一个等级制度来寻求问题的答案。现代婚姻已经脱离了这种模式。它已经成为一种由当事人自己制定游戏规则的婚姻。夫妻双方共同决定他们婚姻中的主要原则。夫妻双方共同决定他们的婚姻将如何运作。他们为自己的关系制定了基本规则。他们的规则和其他人的规则一样有价值。

　　专家们一直强调，要想拥有成功的企业和人际关系，必须明确定义"使命宣言"（Covey，1997）①。那婚姻关系的目标是

① "使命宣言"出自史蒂芬·柯维《高效能人士的七个习惯》。作者在讨论第二个习惯"以终为始"时，提出每个人都需要有自己的"使命宣言"，即设想自己的未来想要什么，从而为之努力和规划。详见 Stephen R. Covey, *The 7 Habits of Highly Effective People*（Boston: G. K. Hall，1997）。——译者注

1　与伴侣共同生活：友谊式婚姻

什么？我们想要实现什么目标？在共同生活中，我们最看重的是什么？根据这些问题的答案，夫妻可以制定自己的婚姻规则。

婚姻中夫妇双方才能决定他们如何经营婚姻。这个男人和这个女人将共同决定在这段关系中什么是可以接受的，什么是不可以接受的。这些伴侣会变得强大而有力。他们已经成为一个整体。这与过去社会根据等级分配权力的等级制度形成鲜明对比。在现代婚姻中，夫妻双方有权决定自己的婚姻规则。在过去，社会会强加一些婚姻规则："你们要永远善待对方。你们必须无条件地相爱。你们必须成为一个整体。"这些往往是强加于人的浪漫主义理想。如今，你们可以遵循自己的准则。这是平等的一个层面，是相对于社会而言，婚姻具有平等性。

第二个层面的平等是婚姻关系本身的平等，即伴侣双方的价值是平等的。我们想澄清对这一概念的一个误解。许多人认为"平等"意味着"相同"。在这种情况下，这两种说法毫无关系。我们的意思是，人是不同的，但具有相同的价值。解放不是让黑人和白人一样，也不是让男人和女人一样，而是要知道他们是不同的，但他们的价值是相同的。记住这一点非常重要。婚姻关系中的平等并不意味着如果我想吃冰激凌，另一个人也得吃。婚姻关系的平等意味着伴侣在这段关系中的决定权是一样的。平等意味着："我的生命和你的生命一样有价值。我的时间和你的时间一样重要。我想要的可能与你想要的不同，但我们的需求一样重要。我可能和你有不同的感受，但它们与你的感受一样有价值，不会少也不会多。"

有一些伴侣可能认为他们的想法比另一方的更好，或者他们的感受比另一方的更好，但在真正的婚姻中，情况很少如此。我们假定每个人在婚姻事务上有着健康的常识，并且应该受到同等的尊重。我的想法和意见与你的一样有价值。我们各不相同，但价值相同。如果将平等理解为凡事都是你做一半、我做一半，则并不妥当。你做一半、我做一半意味着你把所有的事情都一分为二："你削一个土豆，我也得削一个。如果我又削了另一个土豆，你也得再多削一个。"相反，平等更像是："你削土豆我烧肉，你做饭我洗碗。"平等的意思是两个人做的事情具有同等的价值。平等是两个人对于需要负责的事情相互取得平衡。这绝不是指如果一个人做了一件事，另一个人就得做同样的事，而是指在不同的事务中寻求同等价值的平衡。这意味着一方可以哄孩子睡觉，而另一方则负责早上叫孩子起床。双方都对自己负责的事务感到满意。

平等关系必须满足一些条件。伴侣式或友谊式婚姻的模式需要伴侣双方都做出一些努力。与过去的关系相比，我们更关注关系中什么是重要的，而这种新的关注点往往会适得其反。我们没有接受过这种新思维方式的培训。那么要实现平等关系有什么要求呢？

第一个要求是独立。在现代婚姻中，夫妻双方都是独立的个体。他们可以坚持自己的信念。他们可以为自己的观点而战，他们捍卫自己在这段关系中的地位。在美好的婚姻中，伴侣双方可以独立运作。每个人都会承担责任。每个人都可以照顾好自己。一方不是另一方的延伸，也不是和另一方在一起才是完整的。这不像歌曲所唱的那样"你的呼吸就是我的呼吸"，那是浪漫。夫妻双方都是不同的人。他们不是一体的，而是彼此不同、互相有别的。他们两人都各自对自己在这段关系中的角色负责。

第二个要求是沟通。在现代婚姻中，夫妻双方必须相互交流。以前的婚姻常常不是这样的。固定的性别角色已有几百年的历史。关于丈夫该怎样做或妻子该怎样做，母亲该怎么做或父亲该怎么做都有着各自的角色界定。你不必讨论家庭事务该如何安排以及你该承担哪些责任，因为它们都已经预先确定了。也许这就是老年夫妇在彼此身边如此沉默的原因。当婚姻还是一种实用关系时，彼此交流并不是必要的。现代婚姻没有固定的定义或角色。夫妻双方将自行决定如何定义自己的角色。他们需要互相讨论、互相交流。沟通是其中的一个关键要素。开诚布公地相互沟通是基本的条件。沟通是民主婚姻的前提。"现代婚姻中，如果我不说出自己的愿望，那想要实现几乎不太可能。"也许在过去，即使我不表达出来，我的需求也会得到满足，因为规则就是规则。我们创造了一种新型的婚姻，在这种婚姻中，我们互相交流，且这种交流是必不可少的。

第三个要求是解决冲突。解决冲突变得比以往任何时候都更加重要。"既然我们是两个独立的人，我们双方同样重要，但我们想要做不同的事，我们该如何解决这个问题？"过去，家庭问题大多是通过约定俗成的习惯来解决。现在我们该怎么办呢？我们许多人在成长过程中并没有学到解决冲突的能力。当我想要白而你想要黑，而我们两人又同样重要时，我们如何解决这个问题呢？在现代婚姻中，这常常会造成冲突。许多人常常会回避这些冲突。

厄尼和斯蒂芬妮去餐馆。他们还没有决定去哪里吃晚饭。当他们一起离开家时，厄尼问："我们去哪里吃？"他心里很想去吃他喜欢的中餐，但他没有说出来，因为他是个好男人，所以先问她想去哪里吃。斯蒂芬妮回答说："你觉得去哪里吃好？"她暗自想去吃她喜欢的意餐，她也不敢说出自己的想法，因为她知道他喜欢中餐。所以她提出了一个建议："也许我们可以……也许……嗯……我们可以……试试意餐。我吃什么都可以。"厄尼说："亲爱的，你想吃什么都行。"她说："对我来说都一样。"他回答说："意餐很好，中餐也不错，对吧？""是的，没错。中餐也不错。"他们来来回回聊了几句，最后，他们得出的结论是：中餐和意餐都是外国菜，其中都有煮面条。如果他们继续这个对话，他们很可能会得出结论，他们喜欢的是同一个东西，中餐或意餐。他们最终决定:"我们去意大利餐厅吃中餐,或去中国餐厅吃意餐。"他们显然在回避眼前的问题。他们从未被教导清楚地定义冲突,因此从未学会提出解决方案。他们觉得无论是中餐还是意餐都能很好地制作牛排、炸薯条,两人都突然松了口气。他们还是没有解决问题,又一次回避了实际问题。

我们仍然需要更多地去学习清楚地定义冲突或问题本身,并下定决心去解决它。在现代婚姻中,这是一个非常重要的方面:如果我们有不同的意见,但我们的意见被视为平等的,我们该怎么办?谁是对的?如果厄尼和斯蒂芬妮能够明确界定这个问题,他们就可以决定今晚吃意餐,下次去吃中餐。或者他们可以选择一个他们都满意的完全不同的解决方案,比如墨西哥菜。然而,他们无法解决它,因为他们没有定义冲突。在学校里,我们很多人也没有学到解决冲突的方法。我们被教导要闭上嘴,我们被教导要避免冲突。如果我们被教导要避免冲突,我们又如何解决它呢?在以前的教育系统中,当两个孩子争夺一个球时,老师会把球拿走并惩罚当事双方。冲突依然没有得到解决。试想一下,如果老师把球还给孩子们,并说"十分钟后,你们来告诉我你们是如何解决冲突的"。在这种情况下,孩子们可能已经学会了轮流玩球,甚至一起玩球。遗憾的是,情况并非如此,因为根本不允许发生冲突。他们没有机会学习解决冲突。

我们中的许多人从小就被教育要避免冲突。正如你可能看到的，这反映了我们之前提到的等级制度。冲突是被禁止的。我们可以用一支军队的例子来说明这一点。军队不是民主，而是等级制度。想象一下：一名中士带着他的士兵行进，并问他们接下来往哪里走。五个人想往左走，七个人想往右走。一个人决定他们应该留在原地，另外五个人决定在出发前抽根烟。中士和他的士兵不会走得很远。在等级制度中，一个人不会征求其他人的意见，权威是需要的。在婚姻中，情况则不同。在现代婚姻中，我们采用的是平等模式，因此有必要学习如何以公平的方式解决冲突。平等的婚姻要求在平等者之间解决冲突。

第四个，也是最后一个，是性质完全不同的基本要求。现代婚姻的成功或失败取决于伴侣双方对婚姻的投入。这是一种互相付出的关系。当你们结婚时，你们没有血缘关系，也不是一家人。你们彼此并不完全了解对方，甚至是陌生的。你们之间的整个关系将由你们对彼此的付出来支撑。"我想和你一起创造新的生活，而且希望共度一生。"那是一种付出。自然而然发生的事情和对某事有付出是两回事。不言而喻的迷恋不是一种付出。我在你身边感觉很好，那不是付出。这种感觉的产生不需要任何投入。一旦这种自然的感觉开始消退，你就得马上开始付出。"无论你是不是我的白马王子，我都会为我们的未来付出。"你为婚姻的付出和贡献不是虚无缥缈的东西。它在你们的关系中是显而易见的。你可以看到你为婚姻付出的努力。你不必相信你的付出。你必须能够触摸它、抓住它并塑造它。

晚饭后，她起身，他也站起来，帮忙清理桌子，这就是共同努力和互相付出。她和他一起去看了一场他想和她一起看的演出，这是一种付出。半夜，他们轮流照顾婴儿，这是一种付出。这些就是努力。他说："我七点半来接你。"然后他准时出现，这也是一种付出。当她感到轻微不快时，她控制住而没有表达出来，这对她来说是一种努力。婚姻关系中的努力贯穿婚姻的各个阶段。努力、投入或人们有时所称的"付出爱"是婚姻的主要动力。婚姻关系的每一次改善都依赖于此。"这就是我愿意为我们的婚姻所付出的。"这也是一种选择的自由，只有当你也可以选择拒绝时，你才能选择某件事情。只有当你也可以选择说"不"时，你才能说"是"。当事先商定好之后，你们必须为此互相付出。想要建立亲密关系的人，不可避免地会面临选择的问题。"我到底要不要和你继续在一起？充分考虑之后，我决定不管好坏，我愿意和你一起走下去。"这是每个伴侣为自己做出的个人选择。以积极的态度回答这些问题的人将在以下章节中找到一些基于实证研究所得出的解决婚姻问题的方法和概念。得出这些方法和概念的实证研究历时 15 年，对三千多对夫妇进行了研究，并已证明其积极、有效。

2　在婚姻关系中做自己

独立、自我肯定和排他性在亲密关系中很重要。人们需要哪些领地？我们如何应对边界差异？

在一段关系中，伴侣需要一些专属于他们自己的物品。健康的所有权是婚姻中的重要特性。在一段关系中，拥有自己物品的需求通常被称为"领地需求"。这个观点是基于对人类和动物行为的研究所得出的。

动物通过特定的行为来标记、保护和管理它们的生活区域（领地），展示它对这个地盘的所有权，我们称之为领地行为。动物有一种与生俱来的与其他动物打交道的方式。为了标记自己的领地，它们会使用各种标志或声音来向其他动物清楚表明自己的领地。通常，同一物种的动物会尊重这种标记，因此很少发生争斗。动物天生就具有处理和尊重其他动物领地的能力。一只叽叽喳喳的小鸟并不一定意味着它是一只快乐的小鸟，其叫声也可以被解释为："这是我的领域，我的地盘。我住在这里。"它的同类也会尊重这一点。

人类也有这种行为。人类对领地的需求是自我成就的一种形式。在婚姻中，有几个重要的领地。每对夫妻都有一些特定需求：关注的需求，控制自己的想法、理念，有属于自己的避风港，某些物品、一些任务及对自己身体的自主权。

希望得到伴侣的关注是现代婚姻重要的领地之一。每个已婚人士都希望能够得到伴侣的完全关注。每个人都希望伴侣能够对自己有持续的关注。每个人都希望他们的另一半时不时地关注他们。每个人都努力让自己变得有趣，吸引对方。家庭中看电视的习惯是解释这一点的很好的例子。多年来，对因看电视而引发冲突的研究表明：冲突并不能通过约定少看电视而得到解决。唯一能够使冲突得到解决的是双方同意将更多的注意力集中在伴侣身上：关掉电视或收音机，放下报纸，面对面坐下来讨论双方都觉得重要的事情。同意少看电视并没有解决实际问题。"他虽然少看了电视，但现在他总是看报纸。那对我还是没有什么好处！"电视夺走了家庭的注意力。当一个女人因为丈夫看太多电视而烦恼时，通过深入分析，我们得出结论：那是她觉得自己没有从丈夫那里得到足够的关注。

在学校忙碌了一天后，家庭中的注意力争夺战在晚餐时间变得最为明显。两个孩子都想讲述当天在学校发生的一切。每个人都同时说话，争夺注意力，想尽一切办法来获得他们想要的注意力。想想唠叨者和沉默者的例子——大声说话、戏剧化表达等方式都是吸引他人关注的方式。

在有青少年的家庭中，母亲往往会再次寻求关注。孩子们开始忽视自己的母亲，他们互相交谈，好像母亲并不存在似的，直到母亲突然开始抱怨诸如背部疼痛之类的身体不适。如果母亲开始谈论她的背痛，她就会突然得到关注和同情。于是，妈妈无意识中学到抱怨背痛才是得到关注的唯一方法。这样，妈妈会一直背痛下去，直到她能找到另一种方式来继续保持被关注。家庭成员和婚姻伴侣会通过一些小的不适或慢性疼痛来获得其他家庭成员或伴侣的关注。爸爸有胃灼热，妈妈有轻微的背痛，他们的女儿有皮疹，他们的一个儿子在运动会上伤到了膝盖，另一个儿子则新剪了某种发型……他们以这样的方式引起大家的注意。显然，你也可以通过你的外表、衣着、肢体语言以及你表达意见的方式来获得家人的关注。在后面的例子中，我们甚至会看到，处罚也是引发某种关注的方式。

婚姻关系中，关注是最为核心的领地。我想起一对夫妇的案例。他们容忍伴侣与他人发生性关系，只要不对第三者保持关注和重视。他们认为和第三者发生性关系是可以的，但给予第三者关注则是不忠的行为。但对另一些夫妇而言，性行为是两人之间给予特别关注的最重要的方式。

有些夫妻关系出现问题，是因为其中一方认为自己需要独处，尤其是年轻夫妇。他们似乎认为结婚意味着两人一直在一起。此时，伴侣会因为自己独处时感觉良好而感到内疚。社会似乎并不愿意接受伴侣中的一方可以退回到独处的空间。

什么是避风港？ 避风港是一个不受伴侣或家人打扰的地方或环境，在那里，你可以做你自己。它可以是一个地方：一个男人想独自待在书房，并告诉他的伴侣在几个小时内不要打扰他。它也可以是一个兴趣工作室。帕特里克和他的暗房就是个很好的例子。帕特里克喜欢摄影，他有一个暗房来冲洗胶卷。只要红灯亮着，他的妻子就不能进来打扰他。如果她在那个时候进来，他的照片会因为曝光而毁了。避风港也可以是一种不受干扰的状态。女人在厨房做饭时可

能会陷入沉思。如果一个女人在看书，或一个男人在看电视，并且他们的伴侣很清楚她／他不想被打扰，那也可以算是一个避风港。一个女人可以比其他人早一个小时起床，让自己享受独处的宁静。一个男人可以在妻子和孩子都入睡后，晚一个小时上床，以享受片刻的清静。这些也是避风港的形式。婚姻中的双方都需要避风港。一个人为了享受宁静而洗更长时间的澡，另一个人为了不受干扰地阅读报纸而在卫生间待更长时间，这些只是应急方法。无论是洗澡还是上厕所，都无法享受长时间舒适的独处。

有年幼孩子的妇女往往不堪重负。这在一定程度上是由于年幼的孩子需要每时每刻的关注。年幼的孩子会跟着母亲进浴室或上床。她永远不能一个人待一会儿。春假期间，当爱丽丝吃早餐时，乔纳斯坐在她的腿上，兰迪俏皮地看着她，而玛丽则和她说话并玩弄她的头发。年轻夫妇错误地将需要独处理解为彼此之间闹不愉快或互相厌烦的信号。它可能导致冲突和争吵，事实上，这些冲突和争吵是想要获得彼此关注的极端形式。

即使是在同居的情况下，伴侣双方合法地分享一切，但他们仍然需要拥有一些属于自己的东西。当丽莉没有小心地对待约翰最喜欢的唱片时，约翰会感到生气。当她发现自己的剪刀被到处乱放时，她也很恼火。"你又用了我的笔？我的指甲刀在哪里？我的钱包，我的钱包呢？我的网球拍呢？我的车呢？我的书呢？我的光盘呢？"即使是已婚夫妇也会对一些有形物品产生属于自己的所有权感。你希望这些东西在你需要或想要的时候随时都能为你所用。你希望你的伴侣和孩子在用完后能将其放回原处，这样你就知道它们还在那里。你希望你的伴侣小心地处理你的物品。所有这些都表明你是这些物品的所有者。这自然不是法律所有权，而是心理上的所有权。在婚姻中，一些具有重要情感价值的小物品也会引发大的冲突。"我弄丢了你送给我的笔！孩子们把这么好的剪刀弄坏了。"这种所有权的敏感也可能发生在孩子和父母之间。孩子之间的冲突可以通过让每个孩子拥有玩具来解决。这些玩具对他们来说具有独特的情感价值。通过这种方式，每个孩子都将学会向他人借用物品或借出自己的物品，并确保它们得到尊重，然后物归原主。只有当你真正"拥有"某种物品时，你才能给予别人。

在一段关系中，伴侣也需要保持对某些想法和感受的所有权。一个人的想法通常由私人记忆、幻想或白日梦组成。当你的伴侣不断询问你在想什么时，你会感到恼火。如果你愿意，你可以分享这些私人想法，但如果有人坚持要听，你会觉得这些私人想法被剥夺了。如果一方未经同意就阅读另一方的日记，他们将发现自己正处在一个陌生领地。如果你翻看床头柜抽屉里的旧照片，我会觉得有点恼火。如果你翻看我钱包里的东西，或者我翻看你的邮件，都会让人产生奇怪的感觉。如果你在未经同意的情况下读了好友写给我的信，我会感到不舒服。如果你坚持要我在某个问题上改变想法，我会感到恼怒。每个伴侣都应该拥有自己的想法和观点的权利。

人也有保护个人情感的需要。比如说一个人喜欢巴赫，而另一个人不喜欢，并继续说"巴赫不好"或"我们不喜欢巴赫"，就会招致对方的不快。如果伴侣说"我不喜欢巴赫"，这种说法毫无疑问会被接受。人们通常不会控制自己的情绪，情绪是自然发生的。如果我不喜欢约翰，但我的伴侣喜欢，那么这就是事实。如果我被一部电影感动而我的伴侣没有，那么我仍然会被它感动。如果我被巴赫的合奏感动到流泪，而我的伴侣却不觉得它扣人心弦，那么这也是事实。某种感觉击中了我。这不是公平不公平或是恰当不恰当可以解释的。感觉就在那里，我只能分享我的感觉；如果你被某件事感动，我无权嘲笑你，你只是被那种感觉所征服。

在婚姻中，对自己身体的意识也很重要。一个人只有在感觉到拥有自己的身体意识且能在抚摸中感受到快乐时，他／她才能与他人有身体的亲密接触。你的身体就是你。这就是为什么人们如此重视自己的外表。在我们当前的文化中，"外表"似乎比"聪明"更重要。对外表的评论会让他们很受伤。"你对你的头发做了什么?!"当一个人过早地强行进入伴侣的身体领地时，可能会导致性方面的困难。另一方会觉得自己暴露在对方面前，感觉难以甚至无法获得身体上的愉悦。但是，如果你邀请对方，意味着对方有机会说"同意"或"不同意"，那么彼此身体互动的条件已经满足。要想在伴侣面前暴露自己，你就必须体验掌控和拥有自己身体的感觉。

在有些婚姻中，一方会让另一方完全控制自己的外表。如果双方都接受这种安排，就不会造成任何困难。在传统的婚姻中，女人负责丈夫的外表。丈夫的外表是评判女人的标准之一。当丈夫看起来不错时，这就是她的成就，她会得到他人的赞美。丈夫很少注意自己的衣着。如果他的西装洒上了污渍，她就会生气。丈夫并不在乎自己的着装，只在乎她生气了。

婚姻中的负荷平衡或任务分配通常也是一个问题。在传统婚姻中，这是由性别分工明确界定的。男人负责修理和花园里的重活，女人负责家务和其他琐事。男人若是踏进厨房，也是在她的监督下做一些帮忙的工作。在现代婚姻中，谁做什么以及谁的责任并不那么明确。双方对游戏规则负有同等责任。他们每个人都需要宣称对某些领地的所有权。在家庭中负责某些任务会给人一种成就感。即使是不重要或单调的家务活，由你来负责也会让你感到愉快。在许多夫妻关系中，很难区分"负责"某项任务的人和"执行"某项任务的人。责任人是实际的老板，是控制者，拥有最后的发言权，因为他们最终会确保任务由执行者完成。他负责剪草，但由她来决定剪草的时间、方式和频率。她说："你在剪草时，能把玫瑰花移栽一下吗？"他移栽了玫瑰。她说："哦，不，我不喜欢那里，你能再把它们移回原处吗？"他就把玫瑰重新移到原处。剪草成了她的责任，但她又坚持认为这是他的任务和他的草。

将任务的控制和执行分开通常会导致婚姻出现问题。他认为是他在控制任务，因为是他在完成任务，但随后又会因为她的质量控制而感到恼火。理论上有三种解决方案。第一种解决方案是，她可以把剪草的控制权交给他，并期待最好的结果。她可能会担心他不会履行职责，花园里会长满杂草。然而，通常情况恰恰相反，他会非常细心地照料花园。第一种解决方案是让责任人、控制人和执行人成为同一个人。第二种解决方案是，从不同的方面对执行者完成的工作进行补偿。"我为你做了这些，是因为你为我修剪了草坪。"

在第二种解决方案中，控制者会奖励执行者的努力。第三种解决方案是，执行者从完成任务中获得收益。这种情况不太常见。例如，他会很高兴地去割草，因为这样他就有机会晒晒太阳。只要是户外活动，只要能晒太阳，他就会完成任何任务。一旦你确定了控制者（负责完成工作的人）和执行者（实际完成工作的人）之间的区别，你就可以避免婚姻中的许多问题。即使是转交的工作，知道这种责任的区分也很重要。她让他在周二洗碗，但会盯着他的一举一动，并经常提出建议。在这种情况下，他永远也学不会自己洗碗。她只是把工作的完成和执行权交给了他，但她并没有解除对工作的责任或控制。这些盘子不是他的盘子，而是替她洗的盘子。他完成这项任务不会有成就感。但是，如果她把责任交给他，那么他就会快速、高效地清洗碗碟，并乐在其中。

在婚姻中，有几块领地对婚姻关系的发展至关重要。那么，在一段关系中需要多少私人领地呢？这是个见仁见智的问题，取决于关系的类型和人的特性。有些人需要更多的避风港，有些人则需要得到更多的关注。对此，没有固定的规则或界限。只是个人的需求不同，伴侣之间的需求也可能不同。这也会导致冲突。这种冲突的一个很好的例子就是"注意力 - 避风港冲突"。在这种情况下，一方的需求与另一方完全相反。这是一种典型的情况。一方在办公室工作，另一方在家工作。到家的一方准备享受宁静，而另一方则寻求互动和交谈。一方在寻求避风港的时候，另一方却在寻求关注。这些需求无法同时得到满足。

在研究关系中领地分配的困难时，我们会考虑到四种现象：三种行为（侵略、自我肯定和敌意）和一种感觉（恼怒）。

什么是侵略？ 关于人类领地的观点（Bakker & Bakker-Rabdau，1974）[1] 将侵略概括为中性。这个词本身的含义是中性的，尽管很多人认为它含有负面含义。它被视作愤怒、暴力、大喊大叫和尖叫的同义词。这里的"侵略"与此毫无关系。这

---

① 作者这里引用的是贝克·科内利斯和贝克·拉布多在 1974 年以荷兰语出版的一本书——《禁止侵入！人类领地探索》，该书 1973 年出版英文版。详见 Bakker, C. B., & Bakker-Rabdau, M. K., *No Trespassing! Explorations in Human Territoriality*（San Francisco, C. A.: Chandler & Sharp Publishers, 1973）。——译者注

里的"侵略"是指不择手段地扩张自己的领地。如果有人扩张了自己的领地，我们就称之为"侵略"。我们要看这个人是否已经拥有领地。如果以前没有，但现在有了，我们就可以推断出这个人具有侵略性。我们只看效果，不看意图。这为我们进一步讨论婚姻关系带来了清晰的思路。

*汤姆及洛瑞的闺蜜之夜。*几年来，洛瑞每周四晚上都会和她的闺蜜们一起出去。那个晚上就是她的领地。有一天，汤姆做了一件事，让她不得不留在家里陪他、照顾他。她失去了一次闺蜜之夜。至于他是有意为之还是无意为之，这并不重要。他可以哭着说服她（"你总是不在家，今晚你不在家陪我吗？"），或是说她太晚回家，或是抱怨她又出去，或是说身体不舒服……手段并不重要，意图也不重要。他这样做可能是为了惩罚她，甚至可能是出于关心（"你看起来很累，也许你今晚应该待在家里休息一下。"）或出于爱（"我们已经很久没有一起度过浪漫的夜晚了，你不留下来陪我吗？"）。不管他的意图是什么，我们只关注这种情况的影响。你可以在日历上记下这种影响：5月1日，星期四，闺蜜聚会；5月8日，星期四，闺蜜聚会；5月15日，星期四，待在家里；5月22日，星期四，闺蜜聚会。这个男人成功地从他的妻子那里夺走了一次闺蜜聚会。这到底是"好"还是"坏"并不重要，重要的是效果。对伴侣的侵略意味着有效

地扩张了曾经属于他／她的领地。他曾经掌管他们的财务，但在过去的一年里，她一直在打理财务。她侵略了他的领地。她是如何接管这项任务或领地的并不重要。

什么是自我肯定？ 自我肯定是一种态度，即"我拥有它，我要保持它"。归根结底，它就是在你的伴侣试图侵略你的领地时，你能够捍卫并保住自己的领地。如果我们回顾一下洛瑞和她的闺蜜之夜，这意味着无论汤姆多么努力地想把她留在家里，她都会和她的闺蜜们一起出去。"亲爱的，我知道你身体不舒服，但这是我和好朋友们的聚会，我要去。"这是属于她的夜晚，没有什么能剥夺她的权利。如果他对她的厨艺有意见，那也是一样的。她可以这样回答："我知道你很在意我的厨艺，但这是我的风格，也是我喜欢的烹饪方式，我不会改变。"自我肯定给人一种"这就是我"的感觉，这种态度会带来和谐。对方会将你作为伙伴一样来尊重。

什么是敌意？ 敌意是一种破坏性行为，其原因是伴侣占领了特定的领地。敌意意味着报复。敌意是失去领地的一方无能为力的反应。敌意不会产生任何效果。它只会破坏伴侣的领地。敌意往往是一种间接和延迟的反应。如果我们把这一点应用到洛瑞和汤姆的例子中，她可能会违背自己的意愿留在家里，但她会毁了这个夜晚。她可能说不喜欢音乐、咖啡是冷的、饼干过期了。客厅里太冷，他看她的眼神也不对。她会抱怨孩子，担心他们的经济状况。无论如何，他们的夜晚都毁了。她丝毫没有挽回与闺蜜一起聚会的机会。敌意是一种破坏性的行为，婚姻中，如果一方总是需要付出比自己实际愿意付出的更多，那么长此以往，就会出现敌意。他要求什么，她就答应什么。他要别的东西，她说"好"。他又要别的东西，她保持沉默。她一直回答："是的，亲爱的，你可以拿走。"十年后，他们的关系彻底陷入僵局。他享受着他们关系中有趣的一面，而她却承受着负担。这会导致她做出敌意的反应，如生病或抑郁。她会患上难以理解的"歇斯底里症"，从而引起邻居和朋友的同情。她会弄坏家具，忘记重要的事情，说丈夫的坏话，或者无意中向陌生人泄露深藏内心的秘密。她哭泣，她不快乐。她破坏家庭气氛。她尖叫，与每个人争吵。她有自杀倾向。这些都是敌意行为的例子。有一天，她去见律师，要向丈夫提出离婚。他不明白发生了什么。也许是她有外遇了？如果你能细细分析伴侣在一段关系中的领地状况，这些匪夷所思的问题突然就变得合情合理了。你会开始注意到，一方如何拥有一切，而另一方却在苦苦挣扎。你会理解为什么一方会表现出敌意行为，因为他们在不知不觉中一点点失去了对一切的控制。这说明与什么都同意的伴侣生活在一起是很危险的。与不怕偶尔说"不"的伴侣生活在一起，关系则会健康得多。

那么，说了这么多，在婚姻中还有可能付出更多吗？当然可以，但真正的付出是有前提条件的，即你有机会保留你所拥

婚姻中的智慧

有的一切。你没有义务把它给别人。热情好客意味着你意识到你所拥有的一切，意识到你可以选择保留它，也可以选择放弃它。意识到这一点后，你就不会表现出敌意行为。恰恰相反，热情好客将有助于在人际关系中获得最大限度的满足感。当我们把这一点放在闺蜜聚会的例子中时，这就意味着洛瑞会出于自己的意愿选择待在家里。她会毫不犹豫地决定"今晚我要和你在一起"，因为她想给他一个美好的夜晚。她的反应中没有一丝敌意。在婚姻中会发生各种各样类似的交流，我们稍后会详细讨论。

恼怒。这些行为与人际关系中最重要的感觉——恼怒密切相关。恼怒是一个信号，表明我的伴侣正在踏入我的领地。恼怒是一个警报器，表明红灯正在亮起。这是一种重要的感觉。如果我能及时意识到这种信号，就能判断出对方的领地情况并加以控制。我可以放弃，也可以捍卫自己的领地。在我们成长的过程中，很多人都被教导要克服恼怒。这只会助长敌意行为的出现。如果我没有意识到另一个人侵犯了我的领地，任其发展，那么我很可能会在以后做出反应。这种延迟的反应就是敌意反应。换句话说，作为伴侣，你必须意识到自己的恼怒。它们可以成为有用的信息来源。他们可以通过以自我肯定的方式做出反应来防止敌意。

如果你能掌握这一切，你就应该花时间找出你的恼怒根源，并解决与之相关的争端。

婚姻关系中的所有权概念主要适用于一些场景，如一方有可能变得敌意，或者两人之间的争端使婚姻变得糟糕。

当然，你们也可以有一个不会引起争端的共同场地或领地。双方都相信，我们能够并将管理好我们的共同领地。我们互相监督，互相负责。我们共同决定规则，可以分工合作，也可以共同完成任务。每个参与者都相信对方会致力于并能适当处理每种情况。在执行和控制方面需要不断沟通。我们可以把这一点应用到养育子女上。伴侣双方对抚养子女负有同等责任。他们共同执行规章制度。这可能意味着一方哄孩子睡觉，而另一方则确保早上叫孩子起床并做好准备。如果是另一方最终哄孩子睡觉，他们会按照双方共同制定的规则来做：洗手、刷牙、读睡前故事等。

在健康的婚姻中，有许多天然的共同领地，如房子、花园、汽车和抚养子女。这种共同财产的感觉通常是针对第三方的。如果伴侣双方有了争执，就有必要划清哪些是我的，哪些是你的。在一切恢复正常之前，明确界定边界是必不可少的。我们可以通过财务管理来说明这些领地问题。这里有几种可行的解决方案。在有些婚姻中，夫妻双方决定设立一个共同账户，每个人都可以拿走自己需要或想要的东西。如果双方都能很好地管理他们的共同账户，这种方法就会很有效。其有效性表现为双方在财务方面没有任何或引发恼怒的情绪。在另一些婚姻中，夫妻双方决定保留各自的银行账户。这可能会导致收入较少的一方感到沮丧，因为他们获得资金的机会较少。第三种方案是夫妻双方有三个账户：一个共同账户用于家庭事务——食物、水电煤气等，每个伴侣还有各自的账户。个人账户可以用来支付额外的小费用——买礼物、喝咖啡、订杂志等。这些额外的数额较小的支出都是个人行为，无须向对方说明理由。两个人都将通过自己的收入为共同账户供款。这第三种选择可以防止一方向另一方索要津贴，并营造一种舒适的自主感。

如果把婚姻中的所有领地都分割开来，那就变成了分床和分房。这并不是本文阐述的重点。我们只是想说明，领地思维的重点在于伴侣双方都需要并渴望拥有某些东西。在每段关系中，人们都需要一定程度的自主权。在传统婚姻中，你常常会发现自主权的不足。在现代年轻的新婚夫妇中，你经常会看到个人主义，却很少有共同的领地。这些夫妇可能会从关于改善亲密关系的章节中得到更多的启发，而不是对自主权部分的阐述。

领地问题也可能涉及几代人。艾伦对打扫房间有强迫症。她承认这个事实。她觉得房子永远都不够干净。为打扫房间，她把自己弄得疲惫不堪。她对她的室友们颐指气使。她自己从来没有时间享受清洁的乐趣。她只能想象自己在打扫中感受到的快乐。每当她刚坐下休息一分钟，就会立即跳起来继续打扫。当她坐下来时，她只会因为自己没有打扫而感到内疚。享受是不被允许的。当她有好好享受下的念头时，她几乎能听到她的妈妈说:"这种行为是不被允许的。真正的家庭主妇是永远不会不打扫卫生的!"她的母亲已经去世多年,但仍然牢牢控制着女儿自以为拥有的领地。只有当她能够远离母亲设定的标准之后,她才能成为自己的主人。只有当她能够在心里告诉母亲"这就是我现在的生活"之后,她才能掌控局面、坐下来随心所欲地休息。这个故事从领地所有权的角度说明了成人的含义。长大意味着掌控自己的领地。你要摆脱成长过程中的影响,掌控自己的生活。

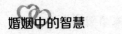

3　小伎俩和明显的手段

在亲密关系中，伴侣会使用不同的手段来获得领地。有些手段非常明显，有些则相当狡猾。贝克·科内利斯和贝克·拉布多在他们的著作《禁止侵入！人类领地探索》（1974 年）中将这些隐蔽地获取领地的手段称为武器。这些伎俩并不明显也不暴力。这些隐晦的技巧更多的是指一方如何狡猾地从另一方那里夺走一些东西，而另一方却没有意识到他们的损失。每个伴侣都有自己的"夺取"策略，这些策略经常被使用且被证明是有效的。我们将详细地讨论这些狡猾的技巧，然后再讨论如何做出适当的回应。

小伎俩

限定。在争夺领地的战斗中，伴侣们使用的第一招就是限定。限定是指描述某事或某人是如何存在的。如果丈夫把换尿布限定为"女人的工作"，那么妻子很可能会将这项任务视为自己的责任。如果妻子把家庭中与电相关的工作限定为"男人的工作"，那么至少在他接受这个限定的情况下，他需要负责家庭中与电相关的工作。如果一个女人说"你管教孩子更好"，而他也接受了，那么他就必须管教孩子。有许多限定在婚姻中起着重要作用。

例如，爱丽丝和杰瑞经常因为杰瑞周五晚上打排球的事吵架。爱丽丝觉得丈夫打完球回家太晚了。"十点半你的排球比赛就结束了！"他对此并无异议，如果他在外面待得更晚，他就会感到内疚。如果你问杰瑞排球赛几点结束，他会回答："十二点半！"对他来说，打排球包括比赛本身、洗澡和换衣服，以及赛后和朋友们喝几杯。而爱丽丝对打排球的界定则是比赛本身和几分钟的快速更衣，然后直接回家。她成功地把自己对排球赛的界定强加给了他，这让他失去了排球赛的领地。每次他和朋友们一起玩而耽误一会儿的时候，他都会感到内疚。最有效的限定形式是对你的伴侣或你自己的限定。每当你限定你的伴侣时，你就影响了他／她的领地。每当你接受这个限定时，你就冒着失去领地的风险。"你不喜欢看戏，那我自己去吧。""你数学不好，所以我来管理我们的财务。"而每次你限定自己的时候，都会导致领地的扩大。"你知道我夸张。""你知道我偶尔需要喝上一杯。"事实上，从长远来看，自我限定有可能会限制你的领地，从而减少你的个人自由。

奉承。被奉承打动的人往往会失去领地。你可以通过赞美别人来获得领地："没人能做得像你这么好，你不帮我做吗？你做得太好了。"然后你就可以把任务交给对方，夺走对方的空闲时间。如果对方感到受宠若惊，他们会更愿意屈服。当他们意识到自己失去了领地时早已为时已晚。

无助。无助指的是向伴侣寻求帮助，因为你（大概）没有能力完成手头的任务。"我不能和孩子们讨论这个问题，我太紧张了。你能帮我做吗？"通常，从对方接手任务的那一刻起，原本束手无策的那个人就会变成一个严格的老板。他们会就程序提出建议，并要求自己来负责质量控制。"门卡住了，我不知道怎么刨下来。我修起来太困难了。""好吧，亲爱的，我会帮你修好的。""小心点，别把它刨得太低，否则冷空气会吹进来。别把锯碎的木屑弄到我的厨房里。你说你已经修好了，现在可以刷上油漆了。我发现它看起来歪了。你能修一下吗？在修的同时，把手也紧一紧。如果你有时间的话，厨房抽屉的把手也需要紧一紧。"我们无助的配偶迅速变成了不满意的老板。主动帮忙的人原本以为这是一件很简单的事情，却没想到让自己手忙脚乱，最后失去的领地比原本预计的要多得多。

为了你好。"这样做是为了你好"的技巧往往非常有效。为了你的伴侣好，你会把自己表现成一个领地的主人。杰瑞准备去打排球，这时他的妻子说："亲爱的，你看起来不太好。你脸色苍白，看起来很疲惫。你确定你感觉还好吗？你应该好好照顾自己。也许今晚你最好留在家里休息。你应该吃一片阿司匹林，再喝杯蜂蜜柠檬茶，今晚早点睡觉。休息一下对你有好处。这是为你好。"杰瑞服下阿司匹林和热茶后就上床睡觉了。第二天早上，他才意识到，他失去了昨晚和朋友们一起打排球的机会。"如果你现在割草，整个周末你都可以休息。我这么说是为了你好。""我这么说是为你好，我觉得你不该和他们做朋友，他们本性不好。"

引发内疚感。 引发内疚感的技巧是让伴侣相信他们正处于不属于自己的领地上。一旦让对方相信，就很容易占据对方的地盘。内疚是一种感受，如果感觉自己占领了他人的领地，就会产生这种感受。一位丈夫说："你为什么这么晚才下班回家？我担心死了！你知道我在等你。我做了晚饭，但现在已经凉了。我辛辛苦苦做了一桌丰盛的晚餐。真是浪费。"很明显，丈夫是想让妻子意识到，她回家的时间不是她能决定的。这最终会导致他能够接管这个领地，让妻子相信这首先是他的决定。"如果你整天赖在床上，孩子们就会开始想念他们的父亲，也没有人和我一起享用一顿丰盛的早餐了。""我在这里累死累活地工作，你却把钱花在没用的垃圾上！"在现代社会，人们对内疚感非常敏感。然而，我们必须明确区分感到内疚（你对某事感到内疚的印象，一种微弱的感觉）和实际的内疚感（意识到你确实做得不够，让别人失望了）。有些伴侣对所有事情都有内疚感，有些伴侣则完全没有内疚感。伴侣可能会因为导致关系恶化而感到内疚，但引发内疚感的技巧似乎对很多人都有效。

胁迫。所谓胁迫，就是让对方相信问题只有两种解决办法。"如果你敢，我就离开你。""如果我得不到那件裘皮大衣，我就从这个窗户跳下去。""如果你不和我在一起，我就将这瓶药吞下去。""如果你不停止踢足球，我就会自杀。"归根结底就是用威胁的方式来描述某种情况。为避免任何意外或损害发生，伴侣往往会屈服于这种威胁。通常情况下，这种胁迫只会导致更强烈的威胁。如果伴侣以自杀相威胁，对方会认为这是对自己的打击。有时，当对方意识到自己无法阻止自杀时，这也是一种解脱。你可以把药片拿走藏起来，但总有其他方法可以自杀。"如果你要自杀，我会很伤心，但最终我还是无法阻止你自杀。"如果这种胁迫只是与两人的关系有关，那这种反应的结果往往会让伴侣停止自杀威胁。

引诱。这种技巧诱惑对方达成一份"协议"。但使用引诱的人不会履行自己的承诺。承诺的一部分是明确的，而另一部分则非常模糊。这通常是一个空洞的承诺。"如果你让我去看球赛，我再也不会下班晚回家了。""如果我能和我的朋友共度这段时间，我就会和你共度接下来的几个周末。""如果我们现在亲热，我会永远对你好。""如果你把窗户擦干净，我再也不会抱怨了。"

烟幕弹。如果你使用烟幕弹的技巧，谈话时你就会含糊其辞、泛泛而谈。你会经常转移话题并避免直接回答问题。这些都是烟幕弹的技巧。如果你想让你的丈夫和你一起去拜访你们共同的朋友，他可能会用关于友谊的哲学长篇大论地回答，或者开始谈论他自己的朋友。妻子在这件事上得不到明确的答复或立场。

和平主义。和平主义是贝克·科内利斯和贝克·拉布多在人际关系中最有趣的发现之一。归结起来就是伴侣中的一方遵循"不吵架"的座右铭。男性通常是运用这一技巧的大师。他会摆出一副冷静平和的态度，以此来达到某种目的。如果她坚持要去见朋友，他会回答说："亲爱的，我们不应该为这件事吵架。没必要为这件事大动干戈。"然后他就继续看电视。如果她要求他对孩子们表态，他会迫不及待地说"好"（以避免冲突），但他从来不会这样做。他"忘记了"。他以"我们不要争论这个"来回避话题。与此同时，他还保持冷静和镇定，这让他的伴侣感到很沮丧，因为她感到无能为力。当她开始发脾气时，她感到内疚。"我怎么能对这样一个通情达理、温文尔雅的男人发火呢？"通常情况下，只要对领地情况进行透彻分析，就足以理解女人的沮丧和愤怒。她会变得充满敌意。这样看来，好玩的、有趣的、更刺激的领地都是他的，而她却要面对更困难、更具挑战性的一面。由于他的温柔和灵活性，他不用争夺就获得了他想要的东西。

这就是众所周知的消极攻击态度的由来。她不快乐、不满意，但又为此感到内疚。他是一个平衡和满足的坚实个体。他很"灵活"，但让人无法理解。她感到沮丧并开始抱怨，而他却用怜悯的眼光看着她。他仍然不会就此事表态。他避免形成自己的观点。和平主义者还有一个特点：他似乎患有健忘症。"我有说过吗？我说过吗？我一定是忘了。对不起，我不记得了。""我同意了吗？你确定吗？这是什么时候的事？你还记得是什么时候说的吗？""我以为你只是建议我这么做，我没想到这已经是板上钉钉的事了。"和平主义者生活在一个烟幕弹的世界里，并设法达到自己的目的。现在我们很容易理解这位充满敌意和绝望的妻子的想法了。消极攻击型的男人，他们的妻子往往会表现出抑郁或破坏的迹象。这些反应并不像他们可能指出的那样具有攻击性。这往往是她们无能为力的反应。外界看到的恰恰相反：人们会同情，这样一个体贴、随和的男人，怎会有这样一个刻薄的妻子！

心理分析。心理分析是把人逼入绝境的便捷工具。这意味着你开始挖掘更深层次的动机——为什么。你试图扩展推理，甚至试图找到另一种解释。我们在做某些事情时，并没有意识到明确的理由。如果我们的伴侣问我们为什么要做某件事情，我们往往会感到被逼无奈。"我们周末出去玩吧。""为什么？""我们可以共度一段时光。""我们为什么要出去共度一段时光呢？我们一直都在一起。你有依赖性问题。这来自不健康的母子关系。"正如我们将在"沟通"一章中看到的，问"为什么"并不是一个真正的问题。心理分析技术使用的是解释。"我知道你为什么会这样或那样。"你将一个人的行为归因于更深层次的动机。"你这样做是因为你从小没有得到足够的关爱。你来自一个不正常的家庭。"

嘲讽。嘲讽是婚姻关系中的一种危险招数。它看起来像是在戏弄，但其实有更深层次的目的。嘲讽意味着你通过打击伴侣的自尊心来取笑他们，以至于他们无法为自己辩护。"哦，你尝试了一种新食谱！"在（伴侣）不小心烧焦晚餐的时候说，"你应该写一本烹饪书。这可是新口味。让开，玛莎·斯图尔特（Martha Stewart）①！"嘲讽给人的打击很大，尤其是有他人在场的时候。

疾病。当我们把疾病作为一种招数来谈论时，我们首先需要明确它的定义，我们只是在研究"疾病"对领地分配的影响。我们明确指出，伴侣生病实际上并不是为了达到某种效果。我们提出的是可能发生的领地效应适用于所有类型的疾病：真实的、想象的、身心疾病等。我们使用"疾病"一词作为生病、疲倦、痛经、失眠、身体受伤等的统称。那么，疾病会带来哪些影响呢？它可能产生两种后果：一方面，它可以扩大领地；

---

① 玛莎·斯图尔特（Martha Stewart）是美国专栏作家，也是电视节目主持人。她擅长在节目中介绍烹饪题材的内容。书中的丈夫将妻子称为"玛莎·斯图尔特"，意在讽刺她的厨艺。——译者注

另一方面，它也可能意味着失去其他领地。

疾病可能意味着领地的扩大。在恋爱关系中，伴侣生病时，另一方往往会付出更多的时间和精力来照顾对方。他们会关掉收音机、调整菜式、取消计划、接手某些家务等。生病也会导致失去领地。生病卧床意味着无法像往常一样工作。一些人际交往会暂时中断，工作也无法像往常一样完成。此时，健康的伴侣会使用前文中提过的限定的招数来削弱生病一方的能力。如果给生病的伴侣贴上无能或过度劳累的标签，如对他/她说："你脾气这么暴！你吃药了吗？"这就会对他/她的领地构成威胁。

渗透。你可以通过渗透夺取领地。你的占领会在对方毫无察觉的情况下缓慢进行。你一点一点地踏进对方的领地。例如，为了让自己得到放松和有一些娱乐活动，一位伴侣加入了一个剧团。他想把这当成自己的事情、自己的出口、自己的领地。有时，他的妻子会来看他排练。她会在需要的时候帮忙缝制服装或做一些装饰。她帮助他们平衡账目。慢慢地，她一点一点地融入剧团，最终成为剧团的记账员。这一切都发生在她的丈夫希望将参加剧团活动作为自己所拥有的私人休闲空间的时候。这种招数也被称为"婆婆招数"。婆婆经常来帮忙照顾刚出生的孙子孙女。新手父母可以得到他们所能得到的一切帮助。婆婆照看孩子，帮忙做饭和熨衣服，帮助打扫卫生，慢慢地开始提供建议。她的领地逐渐扩大。她就会开始影响家庭决策并承担起养育孩子的责任。最终，她会掌控整个家庭。

快速接管。对方也可以在你做出反应之前夺取领地，即快速接管。这将以一锤定音的方式呈现。"我今天遇到了一个老朋友，所以我邀请他过来。我告诉他，我妻子的厨艺很好，他应该和我们一起吃晚饭。""我买了两张歌剧院的票，我们周四晚上去。"一种反复出现的快速接管形式是迟到。每次迟到，他都会占用伴侣和家人的时间。时间一去不复返！你只能以敌对的方式做出反应，并在未来寻求解决方案。即使是一通电话，也可能是一种快速接管的形式。她在他工作时给他打电话，只要他接听了，她就能获得一些领地。她吸引了他的注意力，即使他声称工作很忙也没关系。如果我用完了停车计时器的钱，或者用光了你车里的汽油，对你来说就意味着领地的重大损失。如果我没征得你的同意就借出了你最喜欢的唱片，或者我没和你商量就安排我们去见朋友，这些都是快速接管的形式。再如，"你爸爸回家后会修好的"和"让妈妈周末带你去购物"也是快速接管的形式。

那么，这些狡猾的伎俩有什么利弊呢？从短期来看，这些伎俩对抢占领地的伴侣来说很便利，可以帮助你在想要的时候得到你想要的。然而，从长远来看，这些伎俩可能会对双方的关系造成损害。所有这些夺取或占领领地的隐晦手段都是让伴侣在意识到自己的损失时，为时已晚。有时，你的对手会对这种变化感到满意。你的伴侣还没有意识到他／她失去了领地。他／她唯一剩下的就是延迟反应——领地已经失去了。他／她很可能会做出敌意的反应。这种敌意只会对双方的关系造成损害：伴侣会变得痛苦、无缘无故不满意、烦躁和易怒。他／她会迅速感到疲倦，经常抱怨和发牢骚，或者容易发怒。所有这些都会威胁到关系的稳定。

回应方式

该如何应对呢？首先，双方都需要知道对方使用了哪些"武器"。这是一个开始。如果了解了对方的伎俩，就可以做出适当的反应。重要的是，对面临失去领地危险的一方来说，要决定是否愿意放弃自己的领地。最好的反应是先争取时间："等一下！"要么就说"不"，直到你决定好自己想要什么——"我想保留我的领地"或"你可以拥有我的领地"。坚持自己的决定非常重要。不要受劝说或因诱惑而改变主意。有时，把自己说得像个"坏唱片"也是一种明智之举。"我知道你想让我修门，但我不会修的。我不会做的！"其他的反应可能不那么有效。一旦你开始为自己不放弃某件事找借口，你就会更容易让自己失去领地。

你可以在适当的时候再来讨论这个问题，与你的伴侣讨论为什么这个领地对你来说如此重要。

明显的手段

使用明显的手段夺取领地是什么意思？我们可以根据攻占者、侵略者所增加的成本来区分出三种方法。

第一种方法是无反制措施的询问。需要指出的是，这才是真正的询问。在真正的询问中，你要解释情况，然后描述你打算获得什么。你要清楚地指出对方的领地，然后提出你的问题。"亲爱的，我知道周四晚上是你和闺蜜聚会的时间，但我想问一下，三周后的周四，我们能不能一起去共同的朋友家玩？你同意吗？"

第二种方法是平均交换。也就是，以牙还牙。我们将在"解决婚姻关系中的冲突"一章中深入探讨这种方法。

第三种方法对请求者来说成本最昂贵。你的伴侣会要求你来决定要付出的代价。"怎样才能让你同意周四和我一起去？""如果你能帮我修改论文、洗碗并给我做足部按摩，我会很高兴和你一起去的。"由于提出要求的人非常渴望占领伴侣的领地，因此他／她会乐意付出高昂的代价来得到其想要的东西。

开放式争夺领地的方式的优势在于能够防止关系中出现敌意的反应。当你给予东西时，你是全心全意地给予。当你接受某样东西时，是因为对方渴望给你。在这种交换中，双方都知道所涉及的是什么，而且他们都认为交换的价格是合适的。这意味着他们认为这是一种公平的交换。双方不满意的可能性很小。

4　沟通

　　伴侣之间的许多问题都与"沟通"有关。人们认为很难与对方交谈。他们
觉得彼此没有足够的联结，对方不容易接近，或者他们觉得被困住了。彼此间
的吵架和争论太多。所有这些问题都属于"沟通"的范畴。在本章中，"沟通"
将具有更广泛的含义。当我们使用"沟通"一词时，它的含义是什么？它包含
哪些不同的方面？哪些矛盾是显而易见的？如何避免这些矛盾？这些是本章的
内容。

关系中的每一个行为都是沟通

伴侣之间朝夕相处。只要他们在一起，就会开始互相发送信号。伴侣的一言一行都会向对方传递信息，且影响着对方的行为。对方态度的变化反过来也会造成新的影响。生活在一起的伴侣会不断地相互影响。我们可以举几个例子。他回到家，"砰"的一声关上了门。她吓了一跳，觉得他今天一定是工作不顺。他坐到沙发上，她则坐到另一边。整个周末他一句话也不说，这让她很紧张。他似乎并不喜欢今天的晚餐。她觉得他并不感激她为他所做的一切。他叹气，她也叹气。他不听她在说什么，她请求关注。他完全不想说话，她也不想再说话了。他坚持让她继续说。她哭着向卧室跑去，他追了过去。他说从现在开始他会听她说话，但他没有。他说他会去商场接她，但他没有出现，她很生气。如此等等。

这种相互影响的连锁反应是同时开始的。自恋爱关系中的两个人处于同一空间的那一刻起，他们就开始同时向对方传递信息。双方同时对彼此产生影响和做出反应。只要他们在一起，这种沟通就会无休止地持续下去，不分昼夜。无论他们喜欢与否，即使其中一方试图回避，这种沟通也会持续下去。如果他坐在角落里看报纸，他仍然会以某种方式影响她。即使他闭上眼睛，用手捂住耳朵，也可以被解读为他已经受够了。为了应对这个动作，她可能会去卧室，心想"我也受够了"。换句话说，你可以把婚姻看作无休止的信息沟通和伴侣之间持续的相互影响。

　　*杰瑞的抱怨。*杰瑞抱怨他的妻子。她不再打扫房间，也不和他说话。他们几个月都没说话了。他们甚至不再互相问候。他们已经很久没有亲热了。他妻子晚上出去，而且一出去就到深更半夜才回来。她不会告诉他她去哪里，也不会告诉他她要出去多久。她已经和另一个男人交往了三四年。她姐姐是她的帮凶。她在姐姐家有一个房间，在那里她可以和那个男人共度时光。杰瑞下班回家后，他的岳母、妻子和妻子的姐姐就在沙发上聊天。她们装作看不见他。他的妻子没有提出任何离婚的协议。她们只是让他离她远点。她不愿尽力改善他们之间的关系。她不想和他出去，也不想和他一起去任何地方。杰瑞一筹莫展。他压力很大。妻子的"无动于衷"让他充满无助和绝望。我们可以看出，这个女人的行为，尤其是她没有做的事情，对杰瑞的影响非常大。他感觉自己被困住了。在这种情况下，沟通就是彼此影响、互动和联结的代名词。

语言沟通与非语言沟通

在这种混乱的互动中，有两种类型的沟通混杂在一起：一种是语言沟通，即口头交流；另一种是所有其他形式的沟通，即非语言沟通，我们可以称之为"其他沟通"。大多数夫妻对语言沟通相当敏感。他们知道彼此交谈的重要性。讨论重要的话题在婚姻中是必不可少的。尽管如此，夫妻之间似乎并不了解非语言沟通的重要性。在亲密关系中，你不得不重视非语言沟通。它是必不可少的。这种非语言沟通的一种类型叫作"类似"。你所使用的"符号"与你想要传达的信息直接相关。哭泣与悲伤有关，悲伤和眼泪直接相关，眼泪就被理解为悲伤。在用语言沟通时情况并不总是如此。我们使用事先（历史）已经形成的词语、符号来描述事物。我们给事物命名，但椅子和"椅子"这个词之间并没有直接关联。

在恋爱关系中，其他的沟通形式，即非语言沟通比人们意识到的要重要得多。研究表明，伴侣之间大量的沟通是以非语言形式进行的。研究还表明，许多人已经知道的事实，即一个独立的观察者只需观察他们的非语言沟通，就能分辨出幸福的夫妇和不幸福的夫妇。你可以在超市或火车站观察一对情侣，不用听他们说一句话，就能知道他们对彼此的感觉如何。非语言沟通通常指的是肢体语言，它有多种表现形式。

面部表情。当他醒来时，他会看看她是否看起来很"开心"。如果她看起来很开心，那么他也会很开心；如果她不开心，那么他会更不开心。面部表情可以诠释一个人的内心世界。

这些表情会随着岁月的流逝永久地留在一个人的脸上。你可以看到表情几乎写在每一个人的脸上。一张脸可以表达一个人是怨恨的、温和的还是平易近人的。从某种表情或神态就足以判断一个人的气质。

姿势。姿势是伴侣的一个有用的信息来源。就像你的面部表情一样，它的不断变化可以反映你的情绪或想法。你"扑倒"在沙发上或"躺"在椅子上，也是你身体的表现。你的身体姿势能够表达你是充满力量的还是虚弱的。

手势。手势可以用来强调你的身体语言。你可以通过握紧拳头或张开手来表明你的想法。

语气。语气在关系中也非常重要。你的语气可以强调或弱化你所说的话。你的语气可以区分你是在提问还是在下命令。双关语、幽默和机智主要取决于语调与表达方式。语气可以区分出是戏弄还是刻薄的言辞。

强调。强调可以决定句子的意思。如"你会再给我一杯咖啡吗"这句话会因为强调不同的词而表达出不同的意思。"你会再给我一杯咖啡吗?""你会再给我一杯咖啡吗?""你会再给我一杯咖啡吗?""你会再给我一杯咖啡吗?"

身体反应。脸部颜色的变化可以是一种信号。你可能因为愤怒而脸色发白，因为羞愧或者因为兴奋而脸红。他说:"这些年来你为我做了这么多，我知道你爱我!"她脸红了。她的眼睛满含泪水，喉咙发紧。她很感动。她努力地一笑置之。笑和哭也可以归为身体反应这一类。甚至是愉悦或性兴奋的身体表达也属于这一类。身体不适的表达也属于这一类，比如痛得抽搐。你的手或声音可能因为紧张而颤抖。身体反应包括所有对伤痛或喜悦的表达。

在人际交往中，疼痛的身体表现是很重要的一部分。有时，疼痛会"说明"一些问题。头痛可以表示"我受够你了"。背痛可以表示"我无法处理这些事情了，我真受不了了"。腿疼可以表示"我不想再和你继续下去了"。胃痛、胸痛及各种形式的其他疼痛都可以向我们的周围环境、家人和伴侣传递某种信息。在前文的章节中，我们已经看到疼痛是如何成为一种获取关注的手段。对关注的需要有时会让这种疼痛持续存在。婚姻就是一种彼此关注的关系。叹息也可以是一种生理反应或表达方式。对于伴侣来说，对方发出的一声深沉的叹息往往是一个重要的信息。

性游戏。性游戏包括多种表达方式。爱抚是温柔的表现。发生性关系可以表达欣赏和柔情蜜意。亲吻、牵手和挽着胳膊都是对彼此表达积极的态度。

眼神交流。眼神交流也是一种沟通方式。它是彼此联结的最直接表现之一。

做或不做。在亲密关系中，你可以通过做某件事或不做某件事来表达很多信息。他看报纸时，她在收拾桌子，他不愿过来帮忙。他没有准时到达，他没有完成分配的任务。即使是"不做"也可以表达很多信息。如果多年来一直是她在收拾桌子，突然有一天她不再这样做了，那么这可能是向她的伴侣传达一个新的信息。

在一段关系中，做一件事的速度也可能会传达一些信息。她可能花太长时间为他做午饭，他对此大发雷霆。他给她倒酒的方式也可以看出他无心为她服务。在观察了许多家庭之后，我们发现，一个幸福的家庭似乎有着平静的节奏。如果意识到人都会死，那么愿意为某人花时间也许是能给予他 / 她的最珍贵的方式之一。

那么语言沟通和非语言沟通有哪些优缺点呢？语言沟通，即用语言交流，可以更加详细。它逻辑性强，可以表达更多的细微差别。这个和那个，这个或那个，一方面或另一方面……你还可以清楚地表达"是"与"非"的矛盾。你可以清楚地表达同意或拒绝某事。

非语言沟通往往有不同的解释。爱抚可以是一种安慰，也可以是表达爱意和温柔，甚至是一种鼓励。用拳头砸桌子上意味着有力量还是无能为力？如果一个男人打他的妻子，是出于愤怒、仇恨和毁灭吗？也许这是他寻求关注的激烈形式。这可能是一种有效地获得认可的暴力形式。对这些非语言表现形式进行语言转换可以使问题更加清晰。另外，非语言沟通具有丰富的内涵，如安慰的语气、理解的眼神或温柔的爱抚，用语言是永远无法完全表达的。对于爱的表达来说，光靠语言沟通是不够的。

婚姻中的智慧

内容和关系方面

我们可以继续对沟通进行分类。我们可以明确地区分沟通的内容和关系。粗略地说，沟通的内容主要是关于世界和事物的，而关系则是关于伴侣之间的。让我们以一个例子来加以说明。

*乔治和苏菲在阳台上。这是一个星期天的下午。乔治和苏菲正在阳台上晒太阳。孩子们正在参加青年小组会议。乔治说："亲爱的，我的咖啡杯空了。"苏菲跳起来走向厨房。她拿起咖啡壶，走回外面，给乔治的杯子倒满咖啡，然后回到厨房放下，再回到外面坐下。*沟通的内容是"我的杯子空了"，但如果只听到这句话，无论谁都不会明白刚才发生了什么。沟通中同时也存在关系或参与的方面。这句话可能是在说："我是老大，你需要照顾我的需求，现在就去。"沟通的关系方面表明了两人之间的关系。在这个例子中，乔治是如何看待他们之间的关系的。他试图以自己是老大的方式来定义这种关系。这些对关系的看法往往是多维度的。谁主谁从？谁亲谁疏？谁爱谁，谁烦谁？无论是否有意识，每一次沟通都能看出他们之间的关系。口头交流或交谈，除了传递信息，也是一场关于关系的对话。每条信息都包含了我对自己的看法、我对伴侣的看法以及我对我们之间关系的看法。在婚姻中，中立的信息是不存在的。彼此间不存在客观的信息。我们可以把这一点应用

到乔治和苏菲的例子中。

假设苏菲对乔治的话"我的杯子空了"的反应是弯下身来看了看，说："确实空了！"然后她继续坐着。这一反应将表明她是如何看待这段关系的。她表明了自己在这段关系中的平等地位（谁想喝咖啡，就自己去倒）。假设乔治起身去给自己倒咖啡。这意味着他接受了她对他们关系的定义。如果她又说："你去倒咖啡的时候，能把饼干拿来吗？"那么她就是想让他为她做一些事情，从而重新定义他们之间的关系。他可以通过回答"我不知道饼干在哪里"来试图恢复平衡。如果你仔细观察这次沟通，就会发现这里的沟通与实际内容关系不大，而是清楚地凸显了彼此的关系模式。伴侣的反应是至关重要的。这是否意味着中性信息是不存在的呢？让我们来看看。

"那条裙子多少钱？""你昨晚去哪儿了？""你这周末有空吗？"所有这些问题都是有情绪色彩的，而不是中立的。"现在几点了"这个问题就是一个最好的例子。西蒙正在楼下走来走去。他们今晚要去参加一场戏剧演出。已经很晚了，他很紧张。米凯还在楼上做准备。西蒙大声喊道："米凯，现在几点了？"她以一种亲昵的方式回应道："来了，我来了，我来了！"即使只是关于时间的问题也蕴含着关系元素。如果西蒙和米凯今晚关系不好，她可以趴着栏杆喊出"7 点 33 分 52 秒"那样的话，西蒙就会知道"现在几点了"。

婚姻中的智慧

伴侣间主要使用非语言沟通来表达关系。从例子中可以看出，这与说话时的语调、强调的词、肢体语言等有关。你的语气可以表达出你比你的伴侣更有优越感。对于许多亲密关系中的人来说，性是表达亲密、安全感和欣赏的理想语言。

矛　盾

我们可以将婚姻问题视为沟通中的矛盾。

口头沟通的矛盾。 关系中的第一种矛盾形式是对话上的自相矛盾。她说："要不要再来一杯咖啡？"你回答说："不用了，谢谢……嗯，是的，还要一杯。"你的伴侣可能会抬头看看你真正的意思，这种矛盾可能以非常微妙的方式发生，并且几乎不会被注意到。有时，当这种情况发生时你的配偶会感到不舒服，并且不会意识到正在发生的事情。这尤其发生在"是 - 但是……"的游戏中。

卡尔、布里吉特和"是 - 但是……"游戏。卡尔和布里吉特是一对年轻夫妇，他们的孩子还很小。他们总是为同样的问题争吵，而且经常导致身体暴力。每次在布里吉特父母家过夜时，他们都会吵架（这在婚姻中很常见）。争吵的主题是孩子们睡在哪里。孩子们应该有自己的房间还是和他们一起睡。卡尔说："是的，他们和我们一起睡没问题，但我们必须得更早关灯，而且讲话的声音要很小。"布里吉特说："是的，我同意让他们睡在另一个房间，但这样我就听不到小家伙的哭声了。如果老大半夜醒来，因为在陌生的房子里迷失方向而从楼梯上摔下来怎么办？"卡尔答道："是的，也许在我们的房间里他们更安全，但如果他们和我们在一起，我们就必须保持安静。我们就不能亲热了。你刚才还说他们在另一个房间也很好。"布里吉特回答说："是的，他们有自己的房间当然没问题，但我知道我会很担心他们，这样我也睡不踏实。如果他们晚上出了什么事，我永远都不会原谅自己。再说了，你说过你不介意他们和我们一起睡的。""是的，当然，亲爱的，但是……"如此等等。双方都在陈述对立的双重意见。卡尔说："我希望他们和我们在一起，但我不希望他们和我们在一起。"布里吉特说："我不介意他们有自己的房间，但我不希望他们睡在自己的房间里。"他们都在自相矛盾。他们显然彼此相爱（他们都考虑到了对方的需要），但同时他们的想法又恰好相反。他们都不想伤害对方，说"不"会让人觉得苛刻。如果把所有的"是的"加起来，再将所有的"但是"加起来，他们的意思就会很明显。卡尔不想让孩子们待在他们的房间。布里吉特则不想让孩子们待在孩子自己的房间。现在他们的想法已经很清楚了，卡尔和布里吉特可以开始谈判了。在他们最初的陈述中，他们使用了"是"这个词，并用"但是"这个词来反对，后面还加上了各种理由，而不是简单地说"不"。"你想和我一起去散步吗？""想，但我很累。"换句话说，就是："不，我累了。"

矛盾的非语言信号。一个人的非语言交流中也可能存在矛盾。一个男人非常粗暴地爱抚一个女人，似乎是在揉搓她，而不是在温柔地抚摸她。一个女人做了丈夫最爱吃的甜点，却把它烧焦了。一个男人为妻子修理熨斗，但搞了很大动作，还一直皱眉叹气。一个男人陪妻子逛街，却不断指出每样东西有多贵或多不好。又或者他和妻子一起去，人站在妻子身边，却心不在焉。一个男人为妻子去杂货店买东西，却"忘记"了购物单上最重要的东西。一个女人向丈夫发出性暗示，当丈夫接受时却又一把将他推开。这种矛盾的行为会让对方感到困惑。伴侣会对相互矛盾的信息感到不舒服。我应该注意这些相互矛盾的信息中的哪一个？它们想告诉我什么呢？

语言与非语言的矛盾。我们在婚姻中看到最突出的矛盾是一个人所说的话与他的肢体语言所表达的意思相互矛盾。你说的话与你的姿势、手势或语气不协调。一个星期天的下午，布莱恩坐在他的休闲椅上看报纸。海蒂做了一顿丰盛的、精美的周日午餐，现在正在清洗一堆碗碟。布莱恩说："你还在洗碗吗？你真可怜，看起来还要洗很久啊！"他继续坐在那里看报纸。15分钟后，他又说："我真为你们女人感到难过，你们要收拾那么多东西。"海蒂在这些相互矛盾的信息中感到不安。一方面，他说他感觉难过（口头语言）；另一方面，他又没有站起来帮她（非语言的肢体语言）。

威廉与瓦莱丽散步。威廉喜欢走路，瓦莱丽讨厌走路。星期天下午，威廉想到树林里散步。他想让瓦莱丽和他一起去，他说："亲爱的，你愿意和我一起去吗？今天天气真好！"她不愿意去，但她爱他。她说："今天，我和你一起

去。"他们一起前往树林，开始了一段愉快的快步走。走了不到五百米，瓦莱丽就开始感到腿部不适。剧烈的疼痛让她行走变得非常困难。但瓦莱丽还是坚持继续走着。她龇牙咧嘴的表情显示了她的痛苦，现在她的腿有点跛，但她还是继续往前走。她走到他身边，好像在说："你看，为了让你幸福，我愿意牺牲到什么程度？"然而，这里找不到幸福。她毁了他的这次散步，自己也没有从中获得任何快乐。双方都感到不满足，也不高兴。他觉得自己被欺骗了。她因自己尝试出来散步而自责。很明显，瓦莱丽传递的信息并不一致。她说可以去散步，但她的身体表明她并不想。她应该在自相矛盾的信息中寻求一些平衡。"是的，我想接受他的邀请和他一起去，因为我爱他"与"我非常讨厌去散步"完全矛盾。如果她自己把这两者对立起来，她就可以做出自己的决定，提出一个让双方都满意的建议，而不是把他们都置于不满意的境地。"不，谢谢你的邀请，但我不太喜欢走路。不如你先出去走走，我在终点附近等你。我们可以一起走到咖啡馆。先喝杯咖啡，然后一起坐公交车回家。"这个解决方案比让威廉在她所说的（"今天，我和你一起去"）和所做的（"我的腿疼，我不能走路"）之间左右为难要好得多。

这些模式在性关系中也会反复出现。他说他想和她亲热，但生理上并无反应。她说她想和他亲热，但只是瘫软地躺在那里，没有动弹。如果伴侣不能用身体表达他们所说的话，对方就很难对他做出反应。如果他试图靠近她，他就违背了她的身体所发出的信号。如果他不接受她的要求，他就违背了她所说的话。这就是已婚夫妇经常得出的结论："不管我说什么做什么，总是错的。"

内容与关系方面。如果伴侣中的一方要求另一方做出某种特定的反应或行为，而这种反应或行为是不可能通过命令来实现的，那么他／她就会让另一方陷入尴尬的境地。一个男人每次要求妻子有某种感觉时都会犯同样的错误："你应该喜欢爵士乐"；"你应该享受性爱"；"你应该达到高潮"。当一个女人要求她的丈夫有一种自发的感觉时，她也会犯同样的错误："即使我没有让你到厨房帮忙，你也应该很乐意地来帮我"；"你和我说话时应该随心所欲"；"你应该爱我，让我觉得我对你有价值"。

一对中年夫妇坐在茶室的矮桌旁。妻子是一个身材臃肿的女人，丈夫是一个身材瘦小的男人。突然，她对他大发脾气。她俯身抓住他的衣领大喊："你什么时候才能成为一个真正的男人？"小个子男人陷入了困境。如果他按照她说的去做，试图通过拂袖而去来成为她希望成为的男人，那么他仍然是在向她屈服——你不可能按要求成为一个真正的男人；如果他不做任何反应，那么他就仍然是那个被她指责的瘦弱的男人。

当一个男人通过身体虐待来要求妻子尊重他时，也会发生同样的事情。强迫的尊重根本不是尊重。在存在虐待的关系中，这个问题可能会演变成更大的事件。一个女人希望她的丈夫爱她，"不是因为我这么说你才爱我，而是你自发地爱我"。所有这些要求都会变得更加戏剧化，这取决于一个人对另一个人的影响力有多大。

弱势一方经常使用的另一种说法是"请让我做我自己"。这几乎是不可能的。要么你是你自己，要么你不是。伴侣很难确定对方是谁。要求伴侣有某种感受也可能是一种关心："别担心，克服它，别让它干扰你。"

现代婚姻正朝着男女更加平等的方向发展。虽然这对当事双方都有积极意义，但有时这种演变也会造成更明显的矛盾。斯坦希望妻子艾莎更加独立。他对她说的每一句话都潜移默化地告诉她要更加独立。然而，艾莎却陷入了矛盾之中。她的独立总是体现出模棱两可的一面。她是出于自己的意愿去做某事，表现出独立的一面，还是因为她是被迫听从他的要求表现出来的，因而根本不是独立的一面？人不能被别人要求独立。服从别人的要求恰恰与独立相反。服从别人的要求使人产生依赖。双方都感觉到了这种模糊性。他总是在想，她到底是真的独立了，还是在服从呢？斯坦又提出了一个模棱两可的要求："别这么顺从！"另一个例子出现在更典型的婚姻中，妻子让丈夫知道"我想要（我命令）你支配我（命令我）"。这个可怜的丈夫无法做出适当的反应。如果他屈服并命令她，他仍然是在按她说的做。

如何避免或处理这些情况？矛盾、文字游戏和模棱两可是任何关系中的一部分，在玩耍、逗乐和开玩笑时，可以略微用上一些。但是，如果这些情况有可能破坏关系，那么就有必要避免，以解决已经导致的问题，或者使用清晰明了的方式加以澄清。这种澄清可以用一些沟通规则来实现。

1. 无论你接受还是拒绝，都要确保你的行为与你所说的一致

当他说"我在听"时，他就会放下报纸来听。当他意识到他不能或不想刷门时，他会明确地回答"我不想刷门"。

2. 你所说的话要与你的行为保持一致

如果他没有亲热的兴致，而她却坚持想要，他只需说出他现在没有兴致，而不是做出让步，但又没有生理上的反应（这是"我害怕和担心"的一种反应）。

3. 不要过于谨慎

前面的一些例子表明，我们通常可以通过不要试图过多地保护伴侣来避免矛盾和歧义。有时，试图为对方省去麻烦可能会导致沟通不畅，进而引发比预想更大的冲突。我们最好用简洁明了的"不"，而不是含糊不清的"不"来拒绝。伴侣过于谨慎会让你陷入永无止境的"是的，但是"的讨论中。

4. 表明立场比提出反问要好

人际关系中的许多问题都是反问句式的。提出这些问题并不是为了得到答案，而是为了传达一种非语言的信息。反问是为了追求风格和效果，而不是直奔主题。问"为什么垃圾还没倒掉"，实际上的意思是"我很生气你还没处理好垃圾"。"你有什么计划"的真正意思是"我有了计划（并希望你一起参与）"。"你为什么要买那件衣服"可能意味着"你不需要那件衣服（它很丑或很贵）"。许多"为什么"的问题都会导致合理的争论，反问句也是如此。反问不能解决任何婚姻问题。

5. 要简明扼要，而不是笼统含糊

含糊其辞会导致歧义。"我们真的应该做点什么……""我们总有一天会处理好的……"这些都显示出缺乏兴趣和热情。你甚至可以从这些表述中发现一点否认的意思。"我们应该努力，但不是现在。"这样说会更容易："周六下午，我会整理孩子们的游戏室"或者"我有很多其他重要的事情要做，现在无法把整理游戏室列入日程"。

6. 出现问题时，解释会有帮助

如果你不预先假定你的伴侣知道你的意思，沟通就会变得容易得多。"我说的是……""我的意思是……""我说'对不起'的时候，更多的是后悔而不是愤怒"。

7. 将话说完

当你没有说完一个重要的句子时，你就留下了解释的余地，因此也让人痛苦地想其中的意思。"记得有一次……你还记得他……"配偶显然可以回忆起许多场景，也经常可以明白对方的想法或想说的话，但有时干扰会使对方难以与你达成共识。

你必须花时间清楚地说完你的想法，这样就不会发生混淆，尽管有时这可能很难。

8. 聆听原汁原味的信息

在亲密关系中，真正倾听伴侣的心声非常重要。你的目标是进入伴侣眼中的世界。你暂时分享他/她眼中对世界的看法。这意味着你要抛开自己的想法，去理解他/她的想法。这样，你就可以从不同的方向过滤信息。有时，你会听到自己想要的东西；有时，你会听到自己害怕的东西。诀窍在于倾听对方的真实想法。

9. 发出信号，表示你已经理解了信息

只有当发信人收到回信表示信息已经到达时，通信才算完成。诸如"嗯""是的、是的"或点头等信号是收到信息后最基本的反应。没有反应也是一种信息，但它仍然是模棱两可的，发信人如何知道对方实际上收到了什么。

10. 通过复述来澄清自己对信息的理解，或者更好的办法是对所讲的内容进行释义

重复对方说的话可以表明自己听到了所传达的信息，这是一种非常容易使用的方法。除了改变人称代词之外，你可以原封不动地重复信息发出者的内容，不增加也不遗漏："我担心你凌晨三点还没回家！""你担心我凌晨三点还没回家。"

释义是完整地重复对方所说的话，但要使用自己的语言。这样，信息发出者就可以了解你是否理解了实际的信息。释义

的目的是让信息接收者理解发出者的意思。这是一种移情和同情的练习。

"我喜欢一切都收拾得干干净净，衣服挂得整整齐齐，鞋子摆放得整整齐齐。"

释义："你喜欢鞋子摆好，衣服挂好，客厅干干净净的！"

"我总是对自己说：我在一个大家庭里长大，家里杂乱无章，我讨厌这样。当我结婚时，我要试着为所有东西准备一个柜子或挂钩，这样我就可以把它们都收起来了。"

释义："在你成长的过程中，你有一个大家庭，所以总是乱糟糟的！所以你心想：有一天我结婚了，我一定要让每样东西都有自己的位置，让我的家变得干净而有序！"

"我会尝试，至少……"

"那我就努力把家里收拾得干干净净、井井有条。"

"是的，现在我有了橱柜和抽屉，用上它们让我很高兴。"

"现在你有了空间，你就会乐于把东西收拾得井然有序。"

"是的，就是这样！"

11. 只有在你想知道某事时才提问

不要问一些暗示性或表示不赞成的问题。最重要的问题从"你说……是什么意思"开始。"什么是……""你对……怎么看？"如果你不清楚所接收到信息的意思，可以提出问题。"你一直说不疼，但你的表情看起来很痛苦。你怎么了？"或者说："你说你想亲热，但我还没靠近你，你就在发抖。这是怎么了？"

12. 学会元交流

在需要的时候，学会元交流非常重要。元交流意味着谈论你的交流。"你这么说是什么意思?""你能重复 / 解释一下吗?""在我继续之前，你能为我转述一下吗?""我想和你进一步讨论这个问题。""感谢您的聆听。""我真的很感谢你花时间和我交谈。"

13. 最好是讨论具体的感受

有时，婚姻中的讨论会以概括的方式结束，伴侣们会争论什么是真相，什么不是。当你去谈论自己的感受时，这种冲突就会迎刃而解。一种更清晰的沟通方式是承认自己对情况的看法是有限的。一位女士大喊:"父亲应该陪伴在孩子身边!"她的意思可能是:"我担心你没有花足够的时间陪伴孩子。这让我很烦恼，因为在我成长的过程中，父亲从来都不在我身边，我觉得他不是我生命中重要的一部分。我不希望我们的孩子有这种感觉。这会让我非常伤心。"每次出现棘手的话题时，都应该以亲密的方式来处理。双方应以"我觉得……"开头来表达自己的观点。这才能将自己、伴侣与该话题联系在一起。你可以发自内心地、具体地谈论自己。不要以偏概全或给对方下定义。你说的是自己的感受（确保不要使用"我觉得你……"这样的句式。这会导致沟通不清晰，试图读懂对方的想法，假设对方的感受会被认为是一种攻击）。"我感到高兴 / 愤怒 / 害怕。""我感到孤独。"如果你认为我的感受是关于我自己的信息，而不是关于你的，那么我们就是在相互理解。

14. 直接说出最后的决定

如果你对各种问题感到矛盾，最好先自己解决，然后再向伴侣倾诉内心的冲突。我们经常会把这些个人问题呈现给伴侣，结果却让他们陷入困境。想想你的伴侣在这些"是 - 但是"的争论中会变得多么不自在。她心想："我讨厌走路，这是肯定的。但我爱你，你也喜欢走路。我想答应你的邀请，但我不想走那么多路。我不想牺牲太多。我愿意陪你走很短的路。"所有这些内心的考虑最终都会导致这个决定："我愿意和你散步 15 分钟，不要太远。"

这些规则只是帮助改善伴侣间沟通的建议。只有当夫妻双方都积极努力地改善他们的关系时，这些建议才会变得重要。特别是在涉及重要问题时，这些建议可以起到积极的作用。在一对一谈话方面，我们也有一些建议。

1. 眼神交流和对肢体语言的关注能促进双方的交谈

2. 对于重要的谈话，营造一个良好的环境很有帮助

比如设定一个特定的时间，在一个不引人注意的地方坐下来，移除所有的阻碍因素（电视、收音机、报纸、孩子、动物等）。有些人喜欢去散步；有些夫妻更喜欢身体上的亲密接触，比如一起坐在沙发上。如果任何一方最终觉得无法忍受这个让谈话变得困难的地点，就会造成歧义和疑虑——对方是否真的愿意交流。

3. 好的讨论需要引导的时间

通常情况下，闲聊和讨论日常话题会让谈话更深入、更严肃。你不可能一下子达到这种深度。一个人如果立即就手头的严肃问题展开对话，将无法解决问题。

4. 每个人都有发言权

在处理重要问题时，每一方都有必要在不被打断的情况下表达自己的观点。每个人都应能清楚地勾勒出自己的观点，描述自己对问题的感受和体验。另一方需要给他们时间，充分关注他们，不要打断他们。

5. 重要的是，在进入下一个话题之前，要彻底结束一次讨论

坚持讨论你开始讨论的那个问题。如果夫妻每次只专注于一个问题，许多婚姻冲突都会得到更快、更有效的解决。如果他们扯远了，就应该回到正题上，而不是在一个问题还没有解决时又开始讨论新的问题。

6. 慢慢说

如果交谈不起作用，你们可以尝试给对方写信。在书信中，对方无法打断你的谈话或发火。写信可以消除面对面讨论时可能出现的冲突升级。你可以清楚地表达自己的观点，对方也可以在属于自己的时间阅读这些信件。他们可以把信件看成关于写信人的信息。这对表达双方关系的负面感受尤其有用。"我对你很失望。我对你非常生气。你说的话让我很受伤。"

5 认识自己和伴侣：迷思

在本章中，我们将讨论亲密关系中的一个核心问题。一个人看待自己的方式会影响其看待彼此关系的方式。你看待配偶的方式也非常重要。有时候，我们看待自己及伴侣的方式是非常夸张和不正确的。我们可以用这些错误和夸大的迷思来欺骗自己。我们将在下文中讨论这些迷思。

"神话"一词有褒义和贬义两种词性。这个词的积极含义来源于希腊语。它指的是人们就一些没有合理解释的事情所编造的故事。在这些故事里你可以清楚地区分逻辑中的不合理之处。凡是可以用逻辑解释的事情，希腊人都会用逻辑来解释。而解释不完全符合逻辑的事情则成为神话，如有关于生与死、神明、世界末日、生命之始、命运、爱情等的神话。神话其实非常重要。最近，神话的这一含义又变得有用了。我们开始意识到，没有神话的人类几乎不可能存在。

不过，我们也可以使用"神话"一词的贬义性质，意思是"不完全真实的东西"。如果你对一句话的反应是"那就是神话"，这通常意味着某件事情是被迫的，并非完全真实，它被夸大了。我们在这里使用的就是神话（本书将它译作"迷思"）的这层意思。

关于我自己的迷思

首先，我们将讨论你对自己的夸大看法（迷思）。在本章的第二部分，我们将讨论关于你的伴侣和你们的关系所形成的迷思。第一部分可被视为"个人迷思"，第二部分可称为"关系迷思"。

我们先来做个小练习。假设有人让你用几个特征来描述自己。想象一下，有人问："你是哪种类型的人？"你会怎么回答呢？你很可能会寻找自己的几个特征：几个正面的和几个负面的。当你选择了几个特征后，就会发现刚才发生了什么有趣的事情。

当一个人思考自己时，会发生什么事情呢？每个人都有一个关于自我形象的定义。如果你开始审视自己所拥有的各种特征，实际上就是在试图发现自己是什么样的人。我是谁？让我们来反思一下自我形象。自我形象是如何形成的？我们将如何分解它？

第一步。每个人都有无穷无尽的特点：一个人可能敏感、聪明、对人友好、外表邋遢等。你永远无法完整地描述一个人。你总是可以添加一些额外的特征。事实上，每个伴侣都可以被赋予无数的特征，这导致你永远无法完整地描述一个人。当你试图描述自己时，你会从这些众多的特征中进行特定的选择，并突出那些你认为重要的特征。如果一个伴侣说："我聪明、敏感和懒惰。"那么他们只是在挑选他们认为对自己重要的这些特征。这就是我们的第一步：从无数特征中突出几个具体特征，因为你觉得它们很重要。

婚姻中的智慧

第二步。人们倾向于使用两个极端，即两个完全相反的属性。你会用"反应快或反应慢"、"聪明或愚钝"和"灵巧或笨拙"这些词来形容自己。人们习惯用处于两极的形容词来夸张地描述人的任何特征。这个人很具领导才能，那个人则没有自己的想法。让我们以形容一个人有多灵巧为例来说明这一点。

有人会形容自己天生灵巧或笨手笨脚。事实上，这两个极端在现实中都不存在。它们只存在于我们的头脑中。它们都是抽象的概念。智力、乐感、运动能力、健康等都是抽象的。抽象概念中的两个极点不可能抽象地存在。大多数人会发现自己处于这两个极端的中间。如果你说你是一个安静的人，这意味着你比健谈的人更安静。当你说"我很安静"和"我无法与人沟通"时，你使用了简化的方法来形容自己。说"我没有感情"表明你在走极端。事实上，你发现自己很难与人沟通，你发现自己是一个比较安静的人，但你仍然设法与人沟通。你天生就有感情，所以我们知道这是夸大其词。这是我们推理的第二步。

人类的特征通常由这些对立面来体现。我们称之为两极：一个正极，一个负极。这两极在现实中并不存在，但它们有助于我们思考自己。

第三步。什么是现实的自我形象？从现实的角度来说，我们将自己置于刚刚讨论过的这两极之间。我们可以说，当一个人能够将自己置于这两极之间，并接受自己能够随着时间的推移在两个极端之间移动时，他就拥有了现实的自我形象。有一天，你会比平时更具有某种特征，而有的时候，这种特征甚至不会出现。让我们用古斯特的例子来说明这一点。古斯特是一本漫画书中的人物。他实际上是一个非常笨拙的人，经常做一些非常笨拙的事情。这个典型的故事是从他试图解决一个小问题开始的，结果却遇到了比开始时更大的问题。这种情况在婚姻中也经常出现。例如，古斯特在办公桌上洒了一点儿墨水。他试图清理干净，结果胳膊肘撞翻了墨水瓶。现在，他的鞋子上也沾了墨水。故事的最后，墙壁、天花板、地毯、书桌和他的衣服上，到处都是墨水。他很努力地想摆脱混乱，但他总是把事情弄得更糟。这就是典型的古斯特。古斯特真实的自我形象是什么呢？

我们取两个对立面。上端是灵巧，下端是笨拙。在这两者之间，我们用1~10分来表示（见图5-1）。有点笨拙的行为可得1分；相对笨拙的行为可得5分。表现出非常笨拙的行为可以打到2分左右，甚至1分。这只是一个规则。就像在行为研究中一样，我们会为观察对象打分。

让我们跟随古斯特一天，尝试为他的行为打分。现在是早晨，古斯特躺在床上。他的闹钟响了。他做的第一件事就是摸摸闹钟在哪里。结果，他把闹钟从床头柜上摔了下来。闹钟掉到了地上。他试图关掉闹钟。这一连串行为的过程中他得到的分数是"2"。古斯特跳下床，穿上衣服。当他已经穿好毛衣时，才发现自己将毛衣穿反了。整个穿衣服的过程他得的是4分。毛

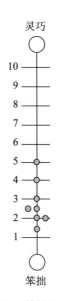

图 5-1　灵巧 - 笨拙行为打分情况

说明：图题为译者所加。

衣穿了又脱，脱了又穿，但现在他要迟到了。他跑下楼，想在出门之前吃点东西，却在最后一级楼梯被绊了一下。他抓住了栏杆，这才避免了摔倒。他被绊倒可以评 2 分。他来到厨房，打开咖啡机，试图给自己倒杯咖啡。他自然会倒洒一点，不过大部分都倒进了杯子里。他倒咖啡的技巧在评分图上为 3 分。他把咖啡清理干净，然后迅速吃完早餐。他匆匆跑到车库，跳进车里，踩倒挡。接着他听到了一声嘎吱。当他下车查看损坏情况时，发现自己又轧过了自行车。真笨！从车库里出来，他就该挨两拳。他开车去上班，当然，他迟到了。由于他迟到了，除了两辆车之间的狭小空间外，几乎没有停车位。他试图把自己的车挤进车位，结果却给另一辆车留下了一道很大的划痕。他的停车技巧被记为 3.5 分。我们的例子到此结束。

你可以将这个例子形象化（见图 5-1）。古斯特的每一种行为都被设定为 1~10 分的等级，1 分代表笨拙，10 分代表灵巧。当你看到这个评分图时，你可以看到靠近下端的一组点。古斯特倾向于笨拙。有些时候比这更好。有些时候，他可以倒一整杯咖啡而一滴也不洒。有些时候则更糟，比如有一次，他还没靠近咖啡杯，就把整壶咖啡弄在了地上。真是笨手笨脚。在灵活性方面，他的得分相当低。不过，他的行为本身并不笨拙。他的行为和反应能力每天都在这两端之间变化。我们的结论是：一个人如果能够以这种方式为自己打分，并且仍有可能出现变化，那么他就拥有了一个现实的自我形象。我们把现实的自我形象作为一个相对的术语。如果古斯特以这种方式看待他自己，他就会认为自己"相对笨拙"，这意味着他将自己的灵活性置于两个极值之间。

第四步。我们在什么时候谈论个人迷思或迷思般的自我形象？让我们总结一下前三个步骤。人类有无数的特征。当我们分析自己时，我们会选择一些特定的特征并用一个位于两极的词来描述自己。在应用现实的自我形象时，则会把自己的特征放在这两个极端之间，更像是一个相对的自我形象。那么，什么时候这会变成迷思或迷思般的自我形象呢？当一个人把自己放在我们所说的两极中的一个时，我们就可以说这是一种迷思般的自我形象。换句话说，这个人认为不可能再有任何改变，并认为"我绝对就是这样"。有一天，当他第一百万次打翻东西或做了一件笨拙的事情时，他就会想："天哪，我真是笨手笨脚！"这里发生的事情非常重要。他不认为自己"有点"笨拙，而是开始相信自己本身就是"笨拙"的。他无法逃避这一点。这与"我一直都是这样的"这一说法相匹配：我一直都是这样的，也将永远是这样。我很笨拙，我生来如此，死时也将如此。

一个人的特性总是处于某个绝对的分值或极点，这是不太可能的。他们总是会发现自己介于两极之间。当一个人坚信自己就是处在极点位置时，我们就可以使用"迷思般的自我形象"或"个人迷思"这类词来描述这种现象。"迷思"这个词可以被用来解释那些认为自己的形象处于某个极点并且无法改变的这种想法。有人认为自己完全是有罪的，不是偶尔感到自己是有罪的，也不是时不时地感到自己是有罪的，而是认为自己理当是有罪的。一个认为自己完全很差劲的人经常会想："我做的每件事情都很糟糕。我总是做错。我很令人讨厌。"有人会认为："我没有一点吸引力。没有人会接纳我。在别人眼里，我总是令人生厌的。"也许有人认为一切都是命定的。"我所做的一切都错了！我尝试的一切都行不通。无论我尝试什么，都注定要失败。你看，命运与我作对。我难道不知道吗？厄运一直跟着我。"

一个人认为："我无法与人沟通。我不善于社交。我缺乏社交技巧。当我试图与人交往时，总是显得格格不入。我没有社交诀窍。"另一个人可能会想："我没有感情。我的内心已经死了。别人的反应很强烈，甚至很激烈，但我什么都没有。我什么也感觉不到。"还有一种人则会让自己相信自己抑郁了。"我感觉很沮丧。我对一切都失去了兴趣。我再也活不下去了。我不只是有点沮丧，这种抑郁是我的第二天性。我就是这样的人。"有人感到焦虑："我不是感到焦虑，我是一个焦虑的人。我就是这样的人。我害怕一切，做任何事都小心翼翼。我对所有事情都忧心忡忡。我永远不会冒险。因为我太焦虑了，所以我永远无法享受快乐或放松。"人们也会说："我太紧张了。我总是神经兮兮的。我太紧张了，紧张得要命。我非常紧张，压力让我很痛苦，因为我总是对任何事情都很紧张！"

所有这些都是个人迷思的例子。如果你把这些感受当作事实来体验，并赋予它们永久的特征，那么我们就可以说这是个人迷思。每个人都会形成自己的迷思，形成自己对自己的认知。这种极端的思维模式最终会极大地影响你的一生。

影响。为什么我们如此关注这个问题？一个人如何看待自己会给他带来严重的影响。我对自己的看法会影响我的一生。个人迷思最糟糕的后果是让人误以为改变这种极端的想法是不可能的。一个人变得非常确信自己就是某种样子的，以至于这些迷思在他们的脑海中像石头一样坚不可摧。他们认为，不可能改变，永远也不可能改变。"这就是我，一直这样。"这种人无法想象生活会有什么不同。个人迷思最糟糕的是没有"改变"这个选项。如果一个人坚信自己一文不值，那么无论他周围的人如何强调他所取得的成就，他都无法看到这一点。他会一直坚信自己的成就一文不值。如果有人说服他去参加自信心课程，他很可能会回答："这是个好主意，但我并不觉得那会对我有用。"这个人无法想象自己会有什么改变。这是最糟糕的地方：个人的改变是不可思议的，他的命运就是一成不变的。这种迷思阻碍了所有的个人成长。一个笨手笨脚的人是不会去上如何变得灵巧的课程的。他可能对这个课程感兴趣，但坚信无论如何都不会改变自己。"这个课程是为手脚不完全灵便的人设计的，对于像我这样天生如此的人来说毫无用处。"焦虑的人当然可以在一定程度上控制自己的焦虑，但他会拒绝参加学习控制这些情绪的计划，因为在他眼中，他生来就是这样，没有什么办法能够拯救或改变他。

个人迷思往往会成为自我实现的预言。它会使事情不断变得更糟。一个深信自己会失败的人会秉持自己会失败的态度，为自己的失败做准备。一个不自信的人，会因为自己的态度而变得更加不自信。他们会变得紧张，预期的失败最终会实现。如果一个人有"我做不到"的想法，那么他很可能做不到。一个在社交场合感到尴尬的人认为"这不会顺利"。如果他站起身向听众讲话，他自己就会变得非常紧张，以至于开始结巴。人们按照自己的自我认知来处理事情和开展行动，遵循自己创造的关于自己的迷思。如果一个人认为自己不是一个友善的人，或者是一个没有吸引力的人，那么他就会以这样一种方式来塑造自己，使自己变得比以前更粗暴、更苛刻。他会在行事态度、衣着、肢体语言等方面反映出这种想法。他会下意识地证明自己不是一个友善的人。有些人会试图通过改变衣着或语言来改变这种看法，但在存在个人迷思的情况下，一个人会完全沉浸在自我认知中。同样，一个人如果坚信自己是愚蠢的，他可能就不会读那么多书，也不会去关注时事或每日新闻。他们似乎真的变得更笨了。他们的反应是："我再也不关注这一切了，我不看了……"结果是他们完全脱离了这个圈子。

下面就是关于自我实现预言和迷思的一个极端例子——蒂娜身高的例子。一个人的身长或身高不是自己可以轻易控制的。蒂娜嫁给了一个非常高大的男人。他当然不是非常极端的那种高度，但也有两米左右。蒂娜是一个身高中等的年轻女性。然而，她只看到了自己的身高与丈夫身高的差距。"我有一个这么高的丈夫。我总是仰视他！"随着岁月的流逝，几年过去了，她显得更加矮小。通过姿势、穿着和态度，她的实际身高真的变矮了。她走起路来弯腰驼背，像个老太太，但她只有三十多岁。她仰视着自己高大的丈夫。通过姿势和态度，真的可以显得更矮小。有些女人会改变发型，买高跟鞋，把头抬得更高，努力让自己看起来更高大。但蒂娜觉得自己比丈夫矮小，并开始在外表上表现出来。实际上，她缩小了几厘米。她的矮小迷思变成了现实。

除了"改变是不可能的"这种误解及这些迷思可能成为自我实现的预言之外，这些迷思还有第三个特点。它们会扭曲一个人对现实的看法。这些迷思让我们无法看到事物的真实面貌。为了说明这一点，我们可以看下面这个例子。迷思就像一个绿色的瓶子，拥有个人迷思就好比透过这个绿瓶子来看生活。如果你生活在一个绿瓶子里，那么一切都是绿色的，白色是绿色的，棕色是绿色的，红色还是绿色的，你的整个世界都是绿色的。个人迷思也以同样的方式运作。一个深信自己一无是处的人会不断寻找证据来证明这是事实。如果有人祝贺他出色地完成了一个项目，他不会认为这是真的。他会找到这样的理由："他们这么说只是为了让我感觉好些。实际上，我并没有做得很好；他们是在鼓励我，因为我知道我并不像他们说的那样好。"

斯文认为自己是个没有吸引力的人，很难与人交往，没有人真正关心他。他从来没有真正谈过恋爱。他在一家公司工作，公司里有一位女员工对他有意思。他的其他同事经常向他指出这一点。"你有没有注意到克里斯托尔对你有'意思'？"他的反应是克里斯托尔并不喜欢他，她觉得他很可怜。"如果她对我好，那只是因为她可怜我。"

迷思会影响你对现实的看法。个人迷思影响你的整个人生。这就像通过你自己创造的过滤器看世界。

　　一个男人确信自己沉默寡言、不善交际、安静内向。在一次家庭聚会上，他放松了下来。他开始变得自在，开始讲笑话。聚会结束时，他成了聚会的主角，在桌子上跳起舞来。两天后，他的家人说："你总是把自己说成是一个不善社交、无趣的人，但那天你确实知道如何将聚会的气氛搞得活跃起来！"他的反应是把这归因于啤酒，他喝了太多的酒，这让他表现得很反常。"其实我是个冷静、安静、无趣的人。"根据他的说法，导致他行为改变的原因是外部因素。当时的气氛和情境的影响让他开始跳舞，与大家玩乐。这不是他自己。他无法想象这种行为是自己的一部分。他对自己的迷思深信不疑。他是一个安静、乏味的人，而且将永远如此。迷思的危险在于，现实生活的细致入微的丰富性总是消失不见。你会不断找到证据，证明你就是你所相信的样子。"你看到了吗？我不可能是那样的人。"迷思会影响你日常生活中的一切，从形成观点的方式到你的社会互动和人际关系。你的自我形象影响着你生活的全部或主要部分。

　　这些迷思的另一个特点是它们会影响你与他人的关系。这是之前描述的关于迷思特点的内容之一。举个例子，瓦尔特深信自己天性害羞，极端不自信。刚刚发生了一件让他担心的事情。瓦尔特收到了一个招待会的邀请，由于工作需要，他必须参加。他违背自己的意愿，拖着疲惫的身体去参加招待会（"我太害羞了，我太不自信了，我不是一个善于交际的人！"）。从他进门的那一刻，就可以看出他的不安。他鼓起勇气才推开门，一进门就被地毯绊倒。他站着环顾四周。瓦尔特根据自己的迷思，在这里看到了两种人。"看，有一个人和我一样，孤身一人，无法和任何人交谈。他很害羞，不知道该怎么做。你看他就站在那里。这可怜的家伙连杯酒都还没喝呢。"这是一群不自信、胆小的人。然后他瞥见了另一群人。"看，那个人，他周围一定站了有十个人。他正聊得热火朝天，且自顾自地喝了第三杯。他在向服务员招手，服务员也在回应他。看，他走了！他真是个社交高手。他是一个很自信的人。他刚抽了一根雪茄，又拿起第二根放进口袋里！他周围站了那么多人！我希望我也能像他一样。"瓦尔特把人分为两种——自信的人和不自信的人。他的迷思影响了他对其他人的性格的看法。

有时，这一点会在许多作者身上以一种奇特的方式反映出来。有时，你可以从作者的著作，如戏剧、小说等作品中的人物身上看出作者的自我形象，甚至看到作者的个人迷思。

海因里希·伯尔写过多部小说，在这些小说中，我们可以清楚地从人物的性格中找到伯尔的迷思或自我形象。伯尔可以说是一个温和的人。在他的作品中，我们通常会发现两种截然不同的人物形象。一种是温和的形象。他称这些人秉持羔羊的生存哲学。这些人饱受践踏和迫害。另一种则是残忍的形象——秉持公牛或水牛的生存哲学。他们践踏尸体，迫害温和的人。你可以在伯尔的大部分作品中找到这两类人的影子，比如《九点半的台球》(*Billiards at Half-past nine*) 和《小丑》

（*The Clown*）。在他的小说中，许多人物都体现了他温文尔雅的自我形象。这是他的迷思，或者说是伯尔的自我形象。

最后一点，也许人们会想："这很好，但我什么都做不好。我就是笨手笨脚，一无是处。我真的很害羞，不自信。"恭喜你！你刚刚找到了自己的迷思！你对自己反复出现的行为越是确信，你就越会变得神经兮兮。如果你开始意识到自己的自我形象出现了偏差，那么你就迈出了将自己的迷思相对化的第一步。

在本章的第一部分，我们重点讨论了自我形象的重要性。如果你把自己想得很极端（个人迷思），那么这只会对你的生活造成不良影响。

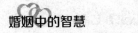

关系中的迷思

现在我们进入本章的第二部分——关系中的迷思。这部分主要讲述你如何体验你的伴侣和你之间的关系。婚姻关系中可能会出现一些迷思，这些迷思会对婚姻关系造成损害。首先，我们将讨论这些迷思是如何产生的，接下来我们将探讨这些迷思的后果，最后我们将提出一些可能的解决方案来消除这些危险的迷思。

让我们先从个人迷思过渡到伴侣关系。当你选择与某人共同生活时，你的决定是基于你的个人迷思或自我形象。这里有两种截然不同的模式。第一种模式是选择具有与你相似的迷思的人。两个人因为拥有相同的迷思而被吸引到一起。"敏感的艺术家寻找敏感的艺术家，一起创作敏感的艺术。"两个超敏感的人因为认识到彼此的相似之处和迷思而被吸引到一起。他们都可以敏感地讨论艺术，但还有另一种选择。第二种模式就是选择一个拥有互补型迷思的人。"敏感的艺术家寻找可以依靠的强者。"你们相互补充，相互成就。这样彼此就会产生兴趣。她可以依靠他来支持她，成为她的力量源泉。你所选择的每一个伴侣都会显示出这两种模式中的一种。选择一个好的伴侣需要从一个良好的基础开始，在这个基础上，你会发现你们之间的迷思有很多相似之处。基于此，你会发现你们之间有足够多的不同之处，从而使你们的关系保持趣味性。并不是说与完全不同的人结婚就会使婚姻更有趣。婚姻本身就已经够难了。与一个与你有很多相似之处（语言、兴趣、阶层、个性等）的人在一起，你们之间的关系会更持久。

接下来，我们来讨论第二点，即创造关系迷思的过程。我们可以将其分为四个阶段：首先，"坠入爱河"的最初体验；其次，恋爱初期；再次，我们来看一段陷入困境、停滞不前的关系；最后，我们来看看在恋爱初期和这段注定失败的关系之间发生了什么，有哪些机制。让我们从坠入爱河开始谈起。在我们的文化中，大多数伴侣关系和婚姻都始于两个人相爱。我们应该知道，并非所有的文化都是如此。有些地方仍有一些包办婚姻的文化。在这些地方，爸爸早上出门，回家后就给儿子找了一个妻子。他的儿子从未见过这个女孩。他们的父亲把这件事当作商业交易来讨论。这一切都是被安排好的，他们不得不接受。他们会生活在一起，一切都会好起来的。如果两人不成功，两个家族就会重新聚在一起协商，女方会回到她原来的家族。没有人会从爱情的角度考虑问题。这种文化的一个好处是，如果婚姻不成功，家族和家庭会进行详细讨论，而不是两个人试图解决自己的麻烦。两人都能从家人和族人那里得到支持和对婚姻问题的深刻分析。

在我们的文化中，情况会有所不同。什么是爱？这是关系迷思中最值得思考的问题。恋爱意味着弗兰克看到的不是真实的瑞塔，而是弗兰克想看到的瑞塔。瑞塔有积极的一面，也有消极的一面。恋爱时会发生一些有趣的事情。弗兰克只看到瑞塔积极的一面。她是如此迷人、甜美、美丽、有创造力、活跃、有音乐细胞、善解人意、敏感、大大的蓝眼睛、可爱的栗色头发等。当弗兰克看着瑞塔时，他看到的是她的光芒。而他周围的人却不这么看。其他人指出瑞塔也有缺点，但弗兰克认为这是不可能的，因为他恋爱了。在他的眼中，瑞塔是完美的，她太棒了。很明显，我们面对的是一个迷思。在一个人眼中，他所爱的对象是完美的。恋爱其实是眼睛的缺陷。之所以说是缺陷，是因为这一切都是通过弗兰克的眼睛来看的。瑞塔没有变，是弗兰克的"眼疾"所致。他把瑞塔变成了他心目中的理想形象，弗兰克眼中的瑞塔就是他想要的样子。这就是坠入爱河的表现。每个人都会在某个时刻经历这种奇妙的体验。它让一切开始运转，这是一种动力。你变得更有创造力，你变得更加活跃，生活变得更有意义。但它仍然是一种"眼疾"，它并不是现实，它在给现实上色，色彩是弗兰克创造的。瑞塔并非十全十美，但在弗兰克眼中，瑞塔是他的理想伴侣。他不认为她是一个有好有坏的矛盾体。他只看到她好的一面。

遗憾的是，相反的情况也可能发生。经过多年的婚姻生活，有时一方看不到另一方的真实面目，而是看到了他们所担心的另一面。积极的一面完全消失了，只看到伴侣消极的一面。这时人们会说："我不喜欢他，我不想再看他，也不想再听他说话。他快把我逼疯了！"同样，这也是一种极端的看法，一种迷思般的形象。一个只有坏的一面的人是不存在的。这些年来（我们将在下一节中讨论这一发展）弗兰克看不到瑞塔是一个既有好的一面也有不好的一面的人。他开始从负面的角度来看待瑞塔，因为他觉得她就是那样的。随着时间的推移，他对瑞塔的想象比现实中真实的瑞塔还要糟糕。当然，我们把这种极端看待她的方式也称为"迷思"。这与坠入爱河时完全相反。你可以说这是失恋，因为没有更好的词来形容。恋爱是亲密、投入、迷恋，是相信我们所爱的人是完美的。坠入爱河时，你会希望一直与这个人保持亲密关系。这其实与失恋非常相似，只是感觉恰恰相反。失恋时，这个人成了万恶之源。在负面看待对方的情况下，会发生与积极看待对方完全相同的事情。朋友和熟人会提到这个人对伴侣有多么在意。他们没有看到自己的配偶是多么爱自己、多么关心自己。虽然周围的人都看到了这一点，但这个人只看到了伴侣不好的一面。

让我们回到坠入爱河这个话题。它始于用不同于真实的眼光去看待你所爱的对象。换句话说，坠入爱河的第一个特点就是"爱是盲目的"。这通常意味着你看待现实的方式与你的朋友不同。坠入爱河还有一些其他特点。第二个特点是恋爱是短暂的。每个人都知道，恋爱是一种来去匆匆的感觉。这意味着，当人们在这种被称为"爱情"的感觉的影响下结婚时，他们很容易在日后失恋。在一段关系中，这种爱有可能在日后重现。他们也可能爱上别人，但这也会过去。关于是什么使一个人坠入爱河或失恋，目前还没有什么科学解释。坠入爱河不会永远持续下去。一段关系可以在这种爱中开花结果，形成真正的爱情关系，也可能并不会。在我的上一本书《差异之后的爱》（*Love After Differences*）^①中，我详细描述了从坠入爱河到建立稳定的爱情关系的转变过程。一段关系能否从这种迷恋的感觉中开花结果，取决于你对这些感觉的处理方式。这是一个感情问题，稍纵即逝。与一个人建立真正的关系意味着也要了解他的缺点。这意味着坠入爱河的感觉会消散。也许，一个打算一直恋爱的人可以在这个阶段与自己爱慕的对象告别，并继续与他们保持远距离、频繁的通信，以留住这些转瞬即逝的感情。也许这就是维持迷恋和稍纵即逝的迷思的方式。

坠入爱河的第三个特点是爱是无法抵抗的。使用"无法抵抗"一词意思是爱征服了你。它不是出于你的决定而发生在你身上的事情。人们不会说"约翰尽了最大努力，终于坠入爱河"。如果约翰爱上了她，就意味着这种感觉征服了他。你可以看到，每当他靠近让他心动的女人时，他会感到不安和结结巴巴。恋爱属于感觉的范畴。感觉并不掌控在自己手中。你并不是总能控制它们，它们只是发生了。然而，你们在一起所做的事情可以影响彼此的感觉。我们将在以后的章节中再讨论这一点。

很明显，婚后你们可以通过参加一些订婚期间很喜欢的活动来重温恋爱时的感觉。这一点非常奇特。太多人认为爱情是不言而喻的。在订婚期，你们经常约会并制订在一起的计划。

---

① 这是作者用荷兰语出版的一本著作——*Liefde na verschil*（*Love After Differences*）（Tielt：Lannoo，1996，2004）。——译者注

结婚之后，伴侣们就应该约会或者约好在城里喝一杯，只是为了能够重温曾经的感觉。已婚夫妇在一起约会可以唤起一些情愫。但对爱人痴迷的感觉并不是主动的态度。在这方面，它与亲密关系（为了在一起而在一起；在一起时我可以做我自己，表达我的感情；与理解我的人在一起，我可以与他发生性关系）相去甚远。这种亲密关系是你可以积极影响和努力实现的。而你只能间接地影响你的感受。你可以建立亲密关系。一个人可以抽出时间与人交谈，也可以不这么做。如果我花时间倾诉和倾听，就能增进彼此之间的亲密感。

这就是恋爱的过程。接下来，我们将进入关系迷思创造的第二个阶段：关系的开始或关系的早期阶段。在关系的早期阶段，伴侣双方会从广泛的角度深入地认识彼此。当你与某人同居时，你会在更个人化的层面上了解这个人。他们的个性特征、喜好和厌恶的范围就会真正展现。"哦，她喜欢音乐。我还真不知道。她甚至喜欢爵士乐！不过她不喜欢很酷的爵士乐，这是我新知道的信息。"你会了解到对方的细节。比如他们喜欢音乐，但你不知道他们最喜欢哪种类型的音乐。你开始为你的伴侣画像，画得越来越细致入微。这种情况在数百种不同的特征中反复发生。"她不喜欢吃甜点。""他不喜欢穿牛仔裤。他从来不看经济专栏。他怎么可能对政治不感兴趣？"你对伴侣的印象变得丰富多彩。你会了解到很多关于伴侣的新信息。当你们不断了解对方时，这段关系就会持续保持，且有趣味。你们会不断给对方带来惊喜。在一段良好的关系中，我们会不断地重新评估我们的伴侣，因为我们不时获得关于他们的不断增加的新信息。我们对伴侣的印象会不断改变，他们不断给我们带来惊喜。我们所说的改变是指你最初形成的关于伴侣的看法在不断改变。你无法预测一切。你对伴侣的印象是不断变化的，它是一个活生生的形象，它仍然具有生命力。

创造关系迷思的第三个阶段是"停滞不前的关系"。一般来说，我们可以用糟糕来描述停滞不前的关系。所谓糟糕，是指伴侣不再看到对方本来的样子，而是只看到对方的一面。他们设定了单一的视角，而且不会改变。他们知道自己的立场。有些伴侣会为谁拥有哪些权利而争吵。这很糟糕。他们总是围绕着这一点，他们不谈别的。他永远是老大，她永远是弱者。他们的话题总是一样的：他是个邋遢鬼，而她有洁癖。或者也可以是关于感情的话题：她太敏感，而他总是很迟钝。争论的焦点总是一个方面，每个人都对每个话题表明了自己的立场。没有更多的秘密了，所有的争论都变得可以预见。"我再跟你说一遍……然后你就会说……然后我会做出反应……然后你会做……"这就是婚姻的躯壳，一种死气沉沉的关系。这些层面给人留下了对伴侣确信无疑的印象。我们相信自己了解伴侣的一切，并将伴侣的这一形象视为他们真实的形象。我们创造的这个形象非常糟糕，它只有一个维度，这是关系停滞不前的标志。两人的关系已经变得像石头一样硬。在恋爱初期，你可以玩所有类型的牌，玩所有类型的游戏。你会学到新的东西，并总是对结果感到惊喜。在关系停滞不前的时候，你们只能玩黑桃，一个人拥有所有的大牌，另一个人拥有所有的小牌。这是一种非常单调和可预测的游戏。一旦你们的关系碰壁，就会出现这种情况。

最重要的问题是：它是如何走到这一步的？这是如何发生的？这一切都与一种奇怪而极端的情况有关。这种情况就是，曾经那么喜欢对方，对对方形成的印象也是丰富多变的，而现在怎么会变得如此冷漠无趣呢？其中有几个大大小小的机制在起作用。首先是简单的机制。

第一个机制是重复。在一段长久的关系中会出现重复（的行为）。她迟到一次，他迟到的次数多一点。她很少迟到，他却开始迟到。这种情况开始频繁发生，逐渐变得明显。他总是比她晚到。另一个例子：她想再谈谈，但他不主动。有一次是他主动，下一次是她主动，再下一次又是她主动。最后很明显，通常都是她开始谈话，而他变得更加沉默寡言。这些事情就是在不断重复中发生的。

第二个机制是期望。这是由重复产生的。由于同样的事情重复发生，人们开始形成期望。"他可能不会主动开始谈话，还是我主动和他谈吧。"她预计他还是会晚归，所以就等着他回来再准备晚餐。反过来，她也在教导他，晚回没关系，反正晚饭还没做好。他希望无论什么时候回家，都能吃到晚饭。这就是期望和强化。她会晚点做晚饭，他为什么要着急呢？反正他都要晚回家，她为什么要在他回家之前做好晚饭呢？他回家晚了，她就会注意到。如果他准时或提前回家，她就不会注意到。通常在这种关系中，只有当伴侣表现出你不喜欢的行为时，你才会注意到。当一切如预期般顺利进行时，你几乎不会关注任何事情。他通常会按时回家，并经常主动与你交谈。然而，一旦他不主动，她就会注意到并对他产生不满。人们对伴侣有一种期待，他们选择性地看见伴侣的何种行为。

第三个机制是限定。现在，我们正在接近这些关系迷思。结婚多年后的某一天，她说："你什么都不说，总是沉默寡言。"她在给他下定义。第一次发生这种情况通常是在吵架的时候。"你很无趣。你永远不会说出什么有趣的话。"迷思就是这样诞生的。"你麻木不仁。你是个邋遢鬼。""你有强迫症！"就在这个时候，人们开始指责对方"以某种方式存在"。这几乎是我们给伴侣创造的一个迷思，因为我们把它说得很笼统，没有细微差别。当他生气时，他不会说："你好像专注在这几件事情上。"而是会说："该死的，你太偏执了！"他开始说极端的话。一旦出现这种情况，他就陷入了迷思。

还有第四个，也是最后一个机制。我们称之为循环因果关系。这是导致婚姻失败的最重要机制之一。我们可以用几张图示来说明这一点。首先，当我们说循环因果关系时，我们指的是什么？这会产生两种形式的影响。一种形式，我们称之为线性因果关系。线性因果关系（见图5-2）就像打台球一样。当你拿起一根台球杆击打 A 球，A 球击打 B 球，那么 B 球就会移动。为什么 B 球会移动呢？这就是为 B 球移动这一结果寻找原因。为什么？B 球会移动是因为 A 球击中了它并传递了力量。A 球为什么会移动？A 球会移动是因为台球杆击中了它。直到现在，这种线性因果关系还是科学界的主要模型。你可以通过研究最初是什么导致了结果的产生来解释它。一个老板对一个男人大喊大叫，而这个男人则向他的妻子抱怨；妻子打了他们的孩子，而孩子又踢了狗。狗为什么会被踢呢？狗被孩子踢是因为孩子被母亲打了。母亲为什么打孩子？她打孩子是因为她丈夫的不高兴和抱怨。丈夫为什么生气和抱怨？他在抱怨老板对他大喊大叫。从老板到狗的因果关系是线性的。

老板对男人大喊大叫 ──→ 向女人抱怨 ──→ 打孩子 ──→ 踢狗
A ──────────────→ B ──────────→ C ──────→ D ────→ E

图 5-2　线性因果关系

如果你更仔细地观察这些情况，尤其是人际关系中发生的情况（一般而言是如此，但在科学中也是如此），那么我们就会发现还有其他因素在起作用。实际上，这就是循环因果关系模型。这与打台球是截然不同的。说到人与人之间的关系，特别是真实的人际关系，我们可以看到，A 影响 B，B 也影响 A，这是一种循环往复的影响方式（见图5-3）。A 在影响 B 的同时 B

婚姻中的智慧

也在影响 A。B 的行为并不是 A 影响的结果（效应）。B 也会表现出其他行为（原因），而 A 也会表现出某些行为（结果）。这是两方的双向作用，不断循环。她哭了，他叹了口气。他的叹气导致她哭得更厉害，从而导致他的叹气也更厉害。她为什么哭？从线性和单纯的角度来看，我们会说因为他在叹气。例如，他并不关心她。他为什么叹气？因为她在哭。但这两种行为是密切相关的。我们可以回顾一下前文章节中的例子：丈夫越是不听，妻子唠叨的声音就越大，他就越不想理她。他对她越冷淡，她就越大声，越令人讨厌。这是一种循环影响。这是我们关于沟通的第一条定理的应用。人与人之间在不断地传递信息和交流。人们不断地相互影响。正如我们在循环因果关系中看到的那样，这种影响是同时发生的。让我们来详细了解一下。

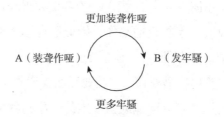

图 5-3　循环因果关系

　　卢克与桑迪的亲近与远离。 这是一个根据真实人物改编的故事。卢克和桑迪已经结婚 15 年了。他们进入婚姻的方式很能说明他们之间的关系。卢克在开始这段关系时就知

道他想与她共建一个家。他想要房子、温馨和陪伴。卢克想要一个可以安定下来的伴侣，一个值得信赖的人。这是卢克开始这段关系时的目标。

桑迪结婚是为了离开父母的房子。她准备开始自己的生活，从父母身边独立出来。她认为只有离开父母，结了婚，她才算成年。她想照顾好自己，做自己的主人。

15 年后，你可以从他们的眼神中看出他们都有自己的优先事项。你注意到他们的关系正朝着不同的方向发展。你可以把卢克对桑迪的行为概括为"拉近距离"。我们可以从以下话语中看出这一点："我们来讨论一下。告诉我你的想法。让我们坐下来，在一起待一会儿。"我们可以把这想象成一个从卢克到桑迪的直线箭头 [见图 5-4 中的（1）]。当我们看桑迪时，我们可以看到她对卢克有一点相反的动作。她似乎在远离卢克，因为她强调的是独立。在婚姻中，独立自主绝对是必要的。"我想看书，请让我安静地把书看完。""我要和朋友出去玩。"桑迪对独立的追求在她和卢克之间造成了一定的距离。我们可以用一条虚线将其形象化地表示出来 [见图 5-4 中的（2）和（3）]。

桑迪越是坚持自己的独立，就越是忽略卢克对安全感和安定感的需求。他对此的反应是坚持两人要花更多的时间在一起等 [见图 5-4 中的（4）]。这种反应让她感到轻微的幽闭恐惧，所以她更加努力地想要抽离，找回自己的独立和自由。"我想安

静地看书。我需要一些独处的时间。我有自己的爱好。"［见图
5-4 中的（5）］她越是这样，他就越觉得自己被抛弃了，并增
加了对她的亲近行为。"你在想什么？你有什么感觉？你做了什
么？你去了哪里？你说了什么？你的朋友说了什么？你回答了
什么？"［见图 5-4 中的（6）］她觉得自己的独立性受到了威胁，
因此也会进一步增强自己的自由感。他会再次做出反应，试图
靠近她，而她也会再次拉开距离、寻求独立。她会把自己关在
浴室里多待一段时间，比他晚睡一会儿，或者比他早起一会儿。
她会花更多的时间和朋友在一起，做更多的志愿工作，等等
［见图 5-4 中的（6）］。

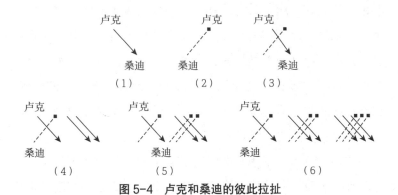

图 5-4　卢克和桑迪的彼此拉扯

说明：图题为译者所加。

那么，这究竟是怎么回事呢？我们可以看到一种循环往复、
同时行动和反应的恶性循环模式。他一直强调两人在一起，她

5　认识自己和伴侣：迷思

则注重自主权，而这两者在一段关系中都是必不可少的（不在一起就不可能有关系，但总是黏在一起也不会有好结果）。换句话说，每个人的观点在每段关系中都很重要。然而，一方越是希望有亲密的关系，另一方就越是反其道而行之，试图拉开距离。原本画成的圆圈越拉越远，开始变得像一个螺旋。情况越来越糟。你可以看到他们一遍又一遍地做着同样的事情。他试图寻找舒适感和安全感，而她的反应则是寻求独立，表现出更多的逃避行为。她变成了一个对亲密关系过敏的女人。

如果这种行为持续多年，就会影响一个人对伴侣的印象，而这正是本章的重点。他们之间的互动是由他们为对方创造的形象所决定的。这位男士是如何描绘他的妻子的呢？他认为她是一个疏远、冷漠的妻子。这就是他眼中的妻子。她总是遥不可及，离你很远，尤其是在你需要她的时候。我们在前面章节中讨论过的现象在这里也同样适用：当她和他在一起的时候，他不会注意到，但当她不在的时候，他马上就会注意到，并马上开始需要她，这就变成了一出大戏。

在这段关系中，我们发现双方都为自己的伴侣创造了一个迷思般的形象。桑迪把卢克想象成一个要求苛刻、控制欲极强的男人。她说："他像挤柠檬一样挤压我（的空间）"，接着又说（这很有趣），"他就像我父亲一样。我离家出走就是为了摆脱父亲对我的控制。结果，我嫁给了一个和我父亲一样的男人！"她没有意识到的是，是她"让"他变成了这样。她把他"变成"

婚姻中的智慧

了一个控制欲强、要求苛刻的丈夫。反过来，卢克也做了同样的事情，是他把桑迪变成了一个疏远他的女人。我们可以清楚地看到发生了什么。他们都创造了自己最害怕的东西。他们怀着最美好的愿望，投入了大量的时间和精力，却创造了他们最害怕、最想摆脱的形象。

这种恶性循环会导致更多相同也更极端的迷思形象。"那个控制欲强、要求苛刻的男人就像我父亲一样。""那个疏远的，总不在我身边的女人……"他的婚姻已经成了他所能想象到的最糟糕的婚姻。他的妻子从不在他身边，而是与他保持距离，而他想要的只是陪伴和联结。是他"让"她变成这样。而她把他"变成"了一个控制欲极强的男人。他们都创造了自己所害怕的东西，这就是戏剧性的地方。这些婚姻问题创造了你所担心的事情。事实上，他一直试图接近她并控制她，这让她更加远离他。但他并不这么认为。他认为她是一个疏远的妻子。她的不断远离让他更加努力地去接近她。这才让她觉得他是一个令人窒息的男人。

这种相互关系影响着他们婚姻中的其他方面。如果你在任何时候对这段婚姻进行剖析，都会再次发现同样的问题。再举一个卢克和桑迪的例子：她每周都和朋友出去一次。当她回家时，他问："怎么样？"她立刻觉得这是对她自由的侵犯。她认为，他控制欲很强，什么都要知道。但这自然不是他问这个问题的本意。每个伴侣都应该问自己的另一半今天或晚上过得怎么样。受到她为他创造的形象的影响，她觉得这是一种攻击。她的回答是："很好。"他马上想："她又来了，总是遮遮掩掩，什么都不告诉我。她试图保守秘密，与我保持距离。"对他们俩来说，"怎么样"这个实际问题已经不存在了。他们为对方创造的迷思让两人都立即赋予了这个问题更多的含义。她的"很好"被理解为对他的拒绝，而他的"怎么样"则是一个具有侵犯性和控制性的问题。他们再也无法进行无偏见的对话了。这对两人来说都是一种创伤。他们只能看到自己在对方身上创造的迷思——一个极端的形象，而他们也会对这个形象做出反应。

有些话他只留给自己。有些话他希望能对她说，但闭口不谈。他压抑了很多，但不与她交流。他永远不会对她说："亲爱的，昨晚你和朋友出去的时候，我感觉非常好。我把电视打开，将枕头放在茶几上，然后把脚搁在上面，享受了一个属于自己的安静时刻。"他希望能把这些告诉她，但他不敢。他想，如果他把这些告诉她，她就会决定和她的朋友们一起度过更多的夜晚，所以他一直把这个想法藏在心里。

有些事情她也不会告诉他。她也压抑了一些感觉和想法。她永远不会说："亲爱的，上周六我们吃完午饭聊天时，我觉得超级温馨。"她心想，如果她这么说了，他可能会希望她每天晚上都和他坐在一起聊天，而她真的不喜欢这个主意。从某种意义上说，他们是在互相欺骗。他们对彼此和这段关系隐瞒了某些体验。可以说，他们之间缺乏坦诚的沟通。他们并不是有意识这样做的。他们并没有隐瞒所有的感受，只是隐瞒了某些感受。伴侣双方都隐瞒了对彼此的部分感受。

这两个人都有自己的一面之词，对这里发生的事情有自己的看法。如果你问卢克他的看法是什么，你会得到如下答案："可怕的事情正在发生。我娶了一个总想逃避的女人。幸好我计划好了和她在一起的时间，否则我就永远见不到她！"

如果我们在图5-5中查看这一点，就会看到从桑迪对卢克的路线开始，然后是他对她的行为的反应。据他说，这一切都始于桑迪（虚线），然后是他的行为（实线），他认为他所做出的行为是对她的"出游癖"的一种正常的自然反应。他对这种情况的看法是桑迪反应过度，他能够通过制订可靠的计划来平衡她的行为。这种现象就是最重要的一点。重要的是他对事情有自己的看法。谁是罪魁祸首？她当然是！如果她不花那么多时间试图跑开，他们的婚姻就会很温馨。

图5-5 卢克的故事：她开始了，我的行为是我做出的正常反应

那么，桑迪的故事又是怎样的呢？她的故事恰恰相反。桑迪说："我嫁给了一个要求苛刻、控制欲强、古板的男人！好在我时不时会出去走走，否则他一定会把我憋死！（见图5-6）我

的行为是对他的直接反应。"他的说法恰恰相反。换句话说，他
们都声称自己是为了平衡对方的极端行为而做出的过度补偿。
在他们眼里，原因（过错）总是对方！

图 5-6　桑迪的故事：他开始了，我的行为是我做出的正常反应

　　事实上，他们都有过错。他们都在犯同样的错误。他们开始
把责任推给对方，而事实上，他们双方同时都有错。当你听他们
的推理时，你会发现他们的推理是有顺序的。非常有趣的是，人
们似乎需要一个顺序来解释情况。人们似乎需要一种线性的解
释。人们认为必须有原因、有过失，才能启动行动和反应。

　　受自己创造的迷思的影响，双方都以自己的方式看待问题。
"我娶了一个疏离的女人。"他不断试图接近她，导致她更加要推
开他。桑迪的反应是保持距离。但她让他像胶水一样地黏着她。

　　值得注意的是，在讨论婚姻问题时，应该远离朋友和家人。
这样做的原因是你很可能只告诉他们一个故事作为例子，让他
们自己得出结论。如果卢克跟朋友说他的妻子总是和朋友出去
玩，那么你认为他的朋友会给他什么婚姻建议？他的朋友会说：
"这种事绝不会发生在我身上，如果我是你，我会把她留在家
里，盯着那个满城乱跑的家伙！"桑迪会告诉她的朋友，她嫁给

了一个控制欲很强的男人。她的朋友会说："我绝不会让他阻止我。我会尽可能多地出去。"亲朋好友的这些婚姻忠告可能会让情况变得更糟，因为这些忠告是基于一个单一的形象而不是整体的情况。这种情况也可能发生在善意的健康照护工作者身上。他们只听到故事的一面，并根据这一面提出建议。在婚姻中，故事永远不会只有一面，一个故事总是至少有两面，如果一个家庭中有更多的人，则有时甚至会有更多面。记住这一点非常重要。你认为朋友和家人的建议会对这种情况产生什么影响？它只会强化当前的问题。卢克的朋友会警告他让妻子离自己更近一些，所以他会试图离她更近一些，从而更加紧紧地抓住她，这会让她更加想挣脱。他们用最好的意图和所有的精力，创造了他们最害怕的东西。

特点和影响。关系迷思的特点和影响与个体迷思非常相似。

第一个特点是关系迷思会阻止任何改变，从而使得关系中的改变会变得不可能。一旦你塑造了伴侣的形象，你就无法改变它。你无法想象你的伴侣不是你想象中的样子。"你总想任何时候都是你说了算，你总想成为一家之主。我甚至无法想象能和你拥有一段平等的关系。""你总是很漠然，而我却情感丰富。我无法想象你会成为一个情感敏锐的人。对这一点我实在是太确信了，因为这么多年来，我一直体验着你的漠然。我有证据证明你是情感迟钝。你就是一个淡漠之人。"改变之所以看起来如此不可能，主要是因为你无法想象这种改变。也许你确实去看了专家或得到了很好的婚姻建议，但你的反应仍然是："也许那是很好的建议，但对我们的状况是行不通的，因为情况就是这样，永远不会改变。"因此，改变是无法想象的。

第二个特点是关系迷思会证明自己。不断的互动一再证明，你会创造出与你想要的相反的东西。这会让你把你所担心的伴侣的样子与他们的真实样子对立起来。你会找到证据来支持你的信念和创造的形象。你的反应会不断强化这种形象。回想一下卢克和桑迪的故事，卢克想继续拉近与桑迪的距离，实际上却把她推开了。这个理论听起来是正确的，因为她确实更加努力地追求独立，这也导致他更加想要接近她。

第三个特点是迷思会阻碍你对现实的观察。关系迷思和个人迷思一样，就像是从一个绿色的瓶子里看你的现实世界。一切都依赖于夫妻双方对彼此形成的印象。迷思影响着一切。我们把停滞不前的关系描述为失去了一切丰富性和变化的关系。在这种关系中，你们不再体验到对方的有趣之处，剩下的只是曾经活跃的关系的躯壳。最后只剩下两个维度，两个由对方指定的极端特征的形象。不可能有任何变化，没有变化的可能。这导致许多细微差别的丢失。桑迪无法想象卢克喜欢偶尔独自在家。卢克没有意识到桑迪在家的时间比他想象的要多。当她在家时，这是不证自明的，他不会意识到；当她不在家时，他认为时间太长，次数太频繁。迷思是一个过滤器，就像生活在一个绿色的瓶子里。

婚姻中的智慧

我们怎样才能防止这些迷思？如何纠正它们带来的问题？如何避免一开始就陷入迷思？以下几条建议或许会有所帮助。

第一条建议，不要试图解读他人的想法。读心术是指通过你对伴侣的印象形成一种想法，并据此得出结论。你总是会从你对伴侣形成的迷思出发。"我知道你想再出去。我看得出你已经准备好离开了。我知道你要说什么。"读心术是一种循环现象，它从一个人对伴侣形成的印象出发，在形成自己的想法之前就得出结论和假设。这直接违背了良好关系的所有条件，即你们对彼此有真实的印象。在这种情况下，你看到的不是真实的对方，而是你眼中的他。这种读心术，即使你对对方的印象是真实的也很少是正确的。当你对伴侣的看法出现偏差时，这种方法肯定行不通。相反，开始倾听对方，这可以打破迷思的循环，让你们恢复生机勃勃的关系。

第二条建议，不要下定义。在不断重复和期待之后，你们就会开始给对方下定义："你是这样的……"这是特征成为迷思一部分的第一步。"你总是想说了算"，"你总是乱糟糟的"，"你太反社会了"，"你总需要别人的帮助"，"你总是试图控制我"，"你太淡漠了"，等等。这些都是下定义。每当你给你的伴侣下定义时，你就有可能走向迷思的方向。当你变得愤怒时，你就会使用极端的话语："你就是淡漠无情。你是个懒鬼。你控制欲强。"细微差别消失了，剩下的只有绝对，只有迷思。

第三条建议，为了打破迷思，有必要尝试协商。当然，这是一个包罗万象的方法，而不仅仅是一个简单的规则。我们通过协商来平衡关系。让我们回到卢克和桑迪的例子。卢克一直在寻找与妻子亲近的理由。桑迪则不断强调自己的独立性。他们都担心自己得不到想要的东西，因此都会为之努力。他们都夸大了自己的行为，从而导致两人之间的关系越来越紧张。卢克抓住一切机会接近桑迪，不管这是否会激怒她。他们都在为自己的需要而奋斗。他们用各种方式夸大自己的需求。桑迪抓住一切机会逃跑，以避免他的控制和质疑。她为自己的独立而战，为距离而战。正是因为他们都无法得到自己想要的东西，他们才会继续失控。他们争吵，因为他们害怕得不到自己想要的东西。他们用尽一切可能的手段来达到明显与自己需要相反的目标。在正常情况下，他们之间会有某种平衡，但现在的情况已经完全失控了。这两个人之间的问题很严重，需要解决。

如何才能让这两个人恢复正常的状态？协商是一个合适的方法。协商意味着谈论当前的问题是什么。卢克必须确保在最后的协商中他能获得足够的亲密。桑迪要确保他们的协商让她获得足够的独立性和独处时间。桑迪需要自主权。如果他们能做到这一点，即"获得足够的"，那么他们就不必再为自己想要的东西而斗争了。你可以想象一下，卢克和桑迪协商的目的是让他们在一周内至少有一个晚上可以在一起，叙叙旧并讨论一些重要的话题（这只是一个晚上，而不是她想象的每个晚上）。她可以一周有两个全天的志愿者工作，不在他身边，晚上和她

婚姻中的智慧

的闺蜜出去玩。通过这样的协商，他们完全有可能再次找到健康关系的平衡点。卢克知道，每个周六晚上都属于他，他不用再为之奋斗了。桑迪知道每周四晚上她都可以和她的闺蜜出去玩，卢克不会再把她留在家里。他们知道他们可以有自己的时间来满足自己的愿望，他们再也不用为自己的愿望而战了。

这就是为什么协商和妥协在亲密关系中是如此重要。桑迪外出后回到家，他们可能也会有时间聊天叙旧，如果她外出时带着愧疚感，因为这是她努力争取来的，那么她回家时就会带着一种他又在窥探她的感觉。如果卢克知道周六晚上有时间和她在一起，他就不会那么拼命地从她嘴里套话了。

协商是一种适当调整并使关系重新变得可以接受的方法。这种方法可以打破无休止的恶性循环。每一方都能得到他们有权得到的东西。重要的是，在协商开始时，双方都要在不受对方影响的情况下明确提出自己想要什么。同样重要的是，双方都不能承诺任何他们明知无法兑现的事情。

协商是双方妥协的结果。没有对方必须遵守的标准。他们共同决定哪些可行、哪些不可行。他们协商出对双方都最为有利的方案。卢克的好处是知道与桑迪定期联结的确定性。桑迪则确信自己获得了足够的自主权。这种协商是一种打破恶性循环和与之相伴的迷思的方法。除非是你向对方隐瞒了真相，不然在协商中，只要你坚持自己的想法和努力要实现的目标，你就能打破迷思。交流这些想法和感受会改变对方对你的印象。

在积极的协商过程中，你甚至可能会遇到一个"啊哈"时刻，这时你会意识到："原来这对你来说才是最重要的！哦，这就是困扰你的问题所在！"这样的表述表明你开始对你的伴侣形成不同的印象。你对伴侣有了新的、不同的认识。你对对方的看法又开始改变。你突破了那个停滞不前的迷思形象，它是如此极端。你的伴侣又开始给你带来惊喜。你开始意识到什么对伴侣来说是重要的，是什么让他／她心动的。而反过来这对你又意味着什么，这往往意味着你终于开始重新审视你对伴侣的迷思般的印象。

6 性关系

除了彼此的交谈、倾听及日常的互动，性生活在亲密关系中也占有重要地位。良好的性关系是健康亲密关系的一个体现。在一些亲密关系中，性生活方面的困难是引发严重关系问题的原因之一。而有时，伴侣之间（暂时）出现的问题对他们的性关系也有负面影响。

　　你可以将性视为一种亲密关系中的特定存在，是自然发生的事情。而每段亲密关系都会进入一个性生活不再自然而然发生的阶段。这在婚姻中是很正常的。通常，亲密关系中的性行为会自我修复。换句话说，性行为会自然发生，会变得勉强，然后又恢复正常。你可以将性行为视作一种人类的行为，且人类大部分的性行为都是习得的。你也可以随时了解有关性的新知识，可以去建立一段性关系。

作为互动的性

在婚姻中，性可以被视为两个伴侣之间的互动——性互动。性是人与人之间的互动；它不属于某一方。这是一个彼此发生即时影响的循环过程：达到高潮，然后消退。我们关于沟通部分的内容在这里也同样适用：性行为对双方来说是同时开始同时结束的。我们用一个例子来解释这一点。我们将伴侣间性行为的互动分为两个层面——情绪状态和身体表达。

当伊莉丝对史蒂文产生性吸引力时，她对这种感觉的表达会改变史蒂文的情绪状态。反过来，史蒂文也会将这种情绪变化表达出来。这让伊莉丝更加兴奋，这种兴奋也会显现出来。伊莉丝给史蒂文一个特定的眼神（表达），这会唤起史蒂文的性感受（情绪），进而他开始抚摸她的头发和肩膀（表达）。这种反应会使伊莉丝变得兴奋（情绪）并鼓励自己亲吻了他（表达）。这让史蒂文更加兴奋（情绪），他也紧紧拥抱她并回吻她（表达），等等。所以，一方的行动和反应会影响另一方的行动和反应，一方的情绪和行为会在很大程度上影响另一方的情绪和表达。

那么我们在这里谈论的是什么情绪呢？在性方面，感受十分重要。让我们将讨论限制在两种特定类型的感受上，即快感和欲望。快感取决于你如何体验自己、自己的身体。你的生理感受很好，你享受性的感觉，你沉浸在愉悦中。欲望是指伴侣之间的关系。这是指你对伴侣身体的需要，抚摸、拥抱、爱抚、亲吻等，也是对被抚摸、被拥抱、被亲吻等的渴望。这些性感受包括对生理愉悦的需要及对更多快感的渴望。这种性互动通常会导向性高潮，之后双方都平静下来。

性的三种语言

性作为一种非语言的交流，是衡量伴侣亲密关系的非常重要的一种方式。它体现出双方对彼此有何感受。它表达了欣赏、温柔、爱慕等感受。当然，一些与性无关的时刻同样可以表达这些感受。性感受的分享通常是借助非言语交流的方式。在这种交流中，我们可以区分三种不同的表达。

1. 自主的肢体语言

这种语言是不受意志操控的性欲表达。我们一部分的性爱表达是在无意识间完成的。若是有意识地去操控这种自主性语言，你会失败，甚至会产生与预期相反的效果。如果一位男性刻意想尝试有生理上的反应，通常是行不通的。当一位女性刻意想达到性高潮时，高潮很可能也不会到来。要达到性高潮，她必须让自己跟着感觉走。若你有意识地想得到它，只会阻碍它的发生。这就像咬紧牙关去品尝一种食物的味道。马斯特斯和约翰逊详细描述了这些生理现象的发生。我们可以将这些现象分为四个阶段。

（1）**兴奋期**。自主肢体语言以各种身体形式表达兴奋，例如流向生殖器区域的血流量增加导致男性勃起或女性阴道更湿润。此外，这种兴奋会使血压升高、心跳加快、呼吸加重、体温升高、皮肤充血增加等。

（2）**持续期**。这个阶段显示出与前一个阶段相同的生理表现，但达到更强烈、更高的程度。

（3）**高潮期**。这个阶段表现为女性子宫及阴道肌肉收缩以及男性生殖器收缩而引发射精。

（4）消退期。身体恢复到正常状态。

这四个阶段的前提是对性爱有一定程度的需求，这种需求通常也伴随着整个性爱过程，随后可能是满足的阶段，这种满足感不会强烈地以生理形式体现出来。通常，你只需一个眼神就能表明对性的需求。这也在放松下来的时刻变成现实。这些自主肢体语言的迹象清楚地告知伴侣，对方进入了性兴奋状态。

2. 行为语言

这是一种可以受生理控制的肢体语言（行为）。它通常包括在快感中呻吟、叹息或闭上眼睛。这些行为是我们有意识地决定参与的，比如爱抚、亲吻、拥抱、发生性关系等。你可以有意识地决定是否发生性关系，你也可以决定是否去爱抚你的伴侣。

3. 口头语言

在性活动中，你也可以用语言表达你的想法和感受。你可以分享你的性幻想，使用带有性意味的词，或者分享你喜欢的身体动作。这也涉及非言语的表达元素，例如在分享时你的声调、语气、重音和语速。

如果你能区分这些不同的语言，你就能够解决亲密关系中的许多性生活方面的困难。然而，并不是所有的性行为反应都可以通过意愿来解决。伊莉丝不能要求史蒂文在她向他示好时有性反应。她可以请他表现得更有兴致。他也不能要求她达到高潮，这不是她自己可以控制的。但他可以让她参加一个充满性爱色彩的游戏，以提升她的兴奋度。

朱莉经常有性欲，但她很少表达出来，而这会影响她丈夫的性兴奋。朱莉的母亲曾告诉她，表现出性兴奋的女人是放荡的，以至于朱莉长大后认为她永远不能表达这些感受，因此在性爱和肢体亲密接触方面从未表现出主动性。这经常阻碍她与伴侣之间的性关系。这个问题源于她的感受与表达之间存在的鸿沟。

在另一种亲密关系中，一个男人很快用一种粗野的方式表现出性行为，而不是先让他的伴侣进入性兴奋状态。这让他的伴侣感到恼怒而不是兴奋。这一问题源于男人的肢体表达和伴侣低落的兴致之间存在的鸿沟。

性生活中的一些困难源于每个人在用不同的性语言来表达自己。

每次彼得试图拥抱或爱抚莉亚时，她都认为这是彼得的性挑逗，并以为他想要发生关系，所以她会拒绝他。这让彼得学会不再拥抱或爱抚莉亚，可这不是莉亚所想要的结果。有一天，彼得和莉亚开始亲热，但彼得毫无生理上的反应。他在情感上表现得很兴奋，但在身体上没有表现出任何迹象。这让莉亚觉得困惑。她是拒绝他还是试着让他更加兴奋，如果让他更加兴奋，那么他会表现出更多身体上的兴奋吗？

如果一位女性患有阴道痉挛，因为不自主的阴道肌肉痉挛，她的身体拒绝参与任何性行为。这样的女性可以尝试通过适当的物理治疗来解决这个问题，之后她可以自己决定是否与伴侣发生性关系。有时要表达出对一些特定性关系的意愿或需求，用口头言语表达出意向是唯一可行的方式。"我确实想亲吻和爱抚你，但我现在不想过性生活。""我有性欲，但由于某种原因我无法产生生理反应。我不明白为何会这样，也不想你有任何被拒绝的感觉。"

当我们谈论性的机能时，我们将其视为一种并不表达特定含义的生理现象，就像呼吸或消化一样。当我们将性作为一种语言来谈论时，它对我们的伴侣就具有某种意义。我们可以用频率、强度、数量等来表达一种功能，而这与有意义的体验会形成反差，这样的体验是用感觉和情绪来表达的。

双方都必须积极主动才能拥有健康的性关系。在身体互动中，双方都要积极参与。一方面，需要主动接受：向你的伴侣敞开心扉，寻找并跟着感觉（气味、声音、味道等）走。敞开心扉意味着你允许自己被这些性感觉引领。英林·卢恩斯在她的《做更好的爱》（*Make Better Love*）一书中说："你不必总要带着性欲参与。有时，只要向伴侣的渴望敞开心扉就足够了，你的性欲就会到来。敞开心扉，感受一下自己的心。"

另一方面，需要主动给予。这意味着主动接吻、拥抱、爱抚等。在健康的性关系中，主动接受和主动给予都是必要的。男性主动女性被动的传统早已过时了，当然，它仍然是性活动的一个选择。

婚姻中的智慧

个人性史

每个人在进入到一段亲密关系中时都可能会带着自己的一段性历史。你今天喜欢的事，很可能是你过去学会喜欢的事。很可能你在出生之前就已经体验到身体上的舒适感。婴儿时期，你会被拥抱、亲吻、爱抚等。这是你第一次体验身体上的刺激。对于大多数人来说，这种形式的身体接触总是与被照顾、温柔和舒适联系在一起的。你通过你的感官来体验这个世界。你因此习得口唇中的愉悦感，这也与亲吻的乐趣有关。你可以通过憋着和放松肛门来控制大便，以此习得肛门快感。作为一个蹒跚学步的孩子，你通过探索自己的身体来学习各种类型的愉悦感觉。

在青少年时期，你通过自慰或与同性接触探索不同的感受。第一次性经验可能是非常正面的也可能是令人沮丧的，还有可能有极端负面的经历，例如性侵或乱伦。所有这些不同的性经历都将成为你个人历史的一部分，无论是愉快的还是痛苦的。通常，过去的负面经历会影响你未来的人际关系。在这种情况下，有必要去看心理治疗师来解决这些问题。伴侣也常会因此而感觉很艰难。一位女性可能因为童年被父亲性侵而对性产生了厌恶。她的丈夫绝望地哭喊："你的父亲乱伦，为什么要我来受苦?!"

每个人都有自己的历史。你不是天生就有特定的性行为，它更多是你过去所有性经历的产物。某些特性可能让人兴奋，也可能让人厌恶。一个男人因美腿而兴奋，而另一个男人因乳房而兴奋。一个女人会因外貌而有感觉，而另一个女人则依赖于她的其他感官，会因某些气味而兴奋。有些人已经学会从性的角度解释某些行为，比如一个特定的表情意味着什么。但对另一个人来说，同样的表情可能毫无意义。

一生中你会学着以自己的方式来理解某些迹象、感受或信号。这会让你在与每位伴侣的互动中都带着某些技能、不足和误解。你的历史永远不会是完整的。你可以通过每次的经验改进你的不足与技能。你可以与伴侣一起学习新事物。如果一段亲密关系中已难有改善的空间，你们也不妨去看一下家庭治疗师和性治疗师。

拥有健康的性关系意味着你不害怕敞开自己。勃起功能障碍或阴道痉挛可能意味着你需要一些帮助才能更好地敞开自己。让你自己被性感觉带动，学会使用性语言清晰地交流，并让伴侣知道你喜欢什么、不喜欢什么。这种语言和非语言交流会带来健康的性互动。

想法的重要性。一个人对性的看法也是其体验性的方式。如果你认为性是有趣的、值得付出努力去获得的丰富体验，那么你就很可能会得到这样的体验。你可以敞开心扉，用你所有的感官去感受它。你的大脑会做出"我想要更多"的反应。你的身体也会配合着做出相应反应，以让你能进一步体验更多这种兴奋感受。如果你的大脑想着"我不想要这个"，则相反的情况也是可能的。你的血液循环会减慢，你的身体器官会自我关闭。你对身体唤醒的敏感性消失了。此时，发生性关系可能会非常痛苦。

人们对性有很多误解。有些人认为只有男性才应该主动发生性关系，而女性应该处于被动状态。每个伴侣都想体验性爱的主动和被动。男性喜欢在不用自己开口要求的情况下被亲密地抚摸。而有时女性喜欢主导身体上的亲密互动。但有些人认为，男人天生就是性欲者，并且凭直觉就能知道他们的伴侣喜欢什么。事实完全不是这样，性行为是习得的。与伴侣建立健康的性关系是一个持续的过程。每个伴侣，无论是丈夫还是妻子，都必须了解对方喜欢什么，什么让他们兴奋，什么激起他们的欲望，以及他们不喜欢什么。积极的性关系是在年纪大后依旧保持愉快亲密关系的唯一保证。

有些人认为男人应该为女人的性快感负责，就好像女人应该总是被动的，屈服于男人的快乐。这意味着女人永远无法增加自己的性快感，只有男人才能对性活动感兴趣，而女人永远不会这样。

一些伴侣试图一同达到高潮，这也不是最好的主意。事实上，同时达到性高潮的情形很少发生。性活动的一致性几乎是不存在的。每个伴侣都会以自己的方式体验性，他们的经历仍然是独立而不同的。发生性关系确实意味着彼此联结，但这种"成为一体"不会发生在情感层面［可阅读我的另一本书，《差异之后的爱》（Love After Differences）］。还有些夫妻试图重现，甚至超越他们过去好的性体验，这也不是一个好主意。性关系就只是关于此时此地的事情，过去发生的事情只存于过去。

　　大多数夫妇意识到性生活不是关于有没有正确的技巧或各种姿势的问题。20 世纪 70 年代强调这种姿势多样性的影响已经消退了。但是，每一次性生活确实都需要一些基本的技巧。你可以学习如何爱抚、触摸、有节奏地移动等。你甚至可以根据伴侣的需求调整自身的生理卫生状况。

　　有些夫妇错误地将性视为温柔。还有些人错误地认为这是纯粹的身体刺激，不需要双方有伴侣关系才可以发生性行为，也不需要对性伴侣有亲密的感受。甚至也有人认为性只能是两人相爱的结果。做爱有很多好的动机（Luyens，1997）[1]。然而，如果你等待完美的爱情，性关系将变得几乎不可能。有些人只有在有心情时才会发生性关系，而有些人则只是在性活动开始之后看看感觉会不会到来（Luyens，1997）。

　　当出现性回避行为时，亲密关系就可能出现问题。在这种情况下，你会避开每一个可能发生性行为的情境。你避免和伴侣同时上床睡觉，而是早点或晚点去睡；你在浴室里磨磨蹭蹭；你在睡前与你的伴侣争论。戴着白色口罩睡觉的女人并不是只有好莱坞电影里才会出现的。以上这些显然是回避策略。这也让人联想到，为什么那些面霜公司一直在面霜中加入那么糟糕的气味！也许你定了一个规定，在午夜之后不能有性行为。也

----

① Manureen Luyens，*Liever vrijen*（*Love Sex More*）（Tielt：Lannoo，1997）。——译者注

婚姻中的智慧

许你指责你的伴侣不够友好或不够刺激。这些都是回避策略，它们都无助于改善亲密关系或解决当下的问题。事实上，这都只会让事情变得更糟，而有所帮助的则是坐下来讨论这些问题。

讨论性在一段亲密关系中很重要。如果在对性的期望上存在微小差异，那么缺乏沟通可能会导致更大的问题。他不像她那样热衷于性，当她问他时，他还没有准备好，只是毫无热情地顺应了。他们的性生活不顺利，他觉得自己很失败，让她不开心、不满足。她仍然需要性接触，他犹豫不决，担心自己会再次失败，但她坚持要他再试一次。她说服了他，但由于怯场，他再次失败。他变得沮丧，而她仍然不满意。随着时间的推移，他们对彼此创造的形象达到了一个极端。她认为他是一个没有性能力的人；他觉得她是一个性欲过度而无法满足的人。他们都将自己的伴侣形象极端化，由此创造出自己最害怕的形象。你可以在这里看到关于伴侣双方的迷思是如何形成的。唯一能打破这个恶性循环的是双方坐下来讨论这个问题。每个伴侣都可以表达自己在性方面的需求、欲望和期望。在充分的讨论中，他们对彼此塑造的极端形象会发生细微变化。

那么为性行为制定一些规则呢？你只能为你能控制的部分设定规则。你不能为神经反射和生理反应设定规则，但你可以为一些行为设置规则。你可以设置一些条件，使性体验更加愉快。你可以了解伴侣喜欢接受或给予什么，并相应地设定规则。性是整个亲密关系的一部分，如果伴侣关系不好，性生活也不会顺利。由于每段亲密关系都会时不时地经历挫折，在此期间，伴侣间的性生活也可能会出现问题。一旦关系回到正轨，这些困难很可能也会解决。如果亲密关系看起来进展顺利了，而性方面的困难却依然存在，那么就可能有必要去拜访一位婚姻治疗师或性治疗师。

7　处理情绪

　　在一段亲密关系中，情绪是非常重要的。最终的标准是和伴侣相处感觉舒服。在婚姻中，与伴侣分享情绪是必不可少的。这些感觉和情绪通常也是每段亲密关系的基础，并将决定伴侣关系的持久性和稳定性。

　　情绪是我们所言所行的结果，它赋予生命色彩。它们可以是恐惧、希望、喜悦、失望、孤独、渴望、内疚、愤怒、烦躁、无聊、兴奋、愉悦、厌恶、悲伤、爱、羞耻、释然、无力等。你如果无法控制自己的情绪，情绪就会战胜你。它们是你的能量来源。情绪会通过身体来表达，可以是我们的驱动力，也可以为我们的行为指明方向。感觉不错的事情，我们还会再去做。而让我们有负面感受的行为，我们则会去避免。如果你谈论或思考自己的感受，则表示你已经与它们拉开距离。为了找到某种感觉，你必须安静下来反思。

　　如果你任由情绪控制，它通常会在消散之前加剧。情绪的范围很广。它们呈现的强度不一。某些情绪（比如愤怒或者悲伤）可能会突然出现，但片刻之后又会消失。当一个深感悲伤的人开始思考自己的悲伤，这种悲伤的感觉就会减弱，他可能会停止哭泣。一个正在发生性关系但无法享受身体感觉的人，不会有性高潮。你是在体验快乐，而不是在说服自己要快乐。讨论情绪不等于用语言将之表达出来，在后面的章节中我们还会再谈到这个。如果在一段亲密关系中，一个伴侣在很长一段时间内都感觉不舒服，那么这种关系就必须有所改变。也许需要改善这段关系或是结束这段关系。

　　正是这些感受和情绪表明这段亲密关系必须有所改变。如果伴侣在你身边会让你觉得很恼怒，你应该改变你的领地。你可能不得不移动自己的边界。如果你觉得自己很生气，并且能及时识别这种感觉，你或许可以改变这种状况，让愤怒的情绪消散。感受在关系中起着非常重要的作用，通常是不应被忽视的信号。

有时恐惧支配着一段关系。我们谈论的恐惧不是来自伴侣的身体暴力。我们谈论的是害怕失去伴侣，害怕你的伴侣在这段关系中不开心，害怕伴侣的评论或争论，又或许你担心你的伴侣会发生不好的事情。在婚姻中，恐惧不是一种好的情绪。若婚姻中任何一方有恐惧的感受，就需要立即调整。关系中每一种持久的负面感觉都表明一些事情必须改变。若你长期厌恶你伴侣的为人，则这段关系注定会失败。

亲密关系中的情感交流。如果没有情感交流，亲密关系将不复存在。情感的交流可以以两种不同的方式进行。伴侣间可以谈论他们的感受及其影响因素。"谈论感受"可以以合理的方式进行。伴侣之间会分享信息，但这对亲密关系影响不大。你也可以分享你的情绪，让你的伴侣与你感同身受，并产生共鸣。然后你们可以一起讨论这种情绪。这是在分享情绪，而不是谈论它。如果你能够在这种情绪上停留一会儿，并且能让你的伴侣真正理解你正在经历些什么，如果你的伴侣能够在情感层面对你正在经历的事产生同理心，那么也许你能够更加深入地了解自己有这种感受的原因，了解自己的悲伤、恐惧或失望的原因。值得一提的是，如果你们能够一起深入地了解这些情绪，悲伤就会消散，恐惧就会消失，失望就会减少。通过一起体验、理解这些情感，这段关系的能量会再次流动，并使这段关系活跃起来。这是现代婚姻的核心。

对伴侣有持续负面感受的情况也是如此。出于对关系和伴侣的考虑，有些人会隐藏、压抑或否认自己的负面情绪。他们会假装这些感受不存在，这会对夫妻关系造成更大的伤害。你倾向于不让你的伴侣参与对你来说重要的事情，也让彼此变得更加陌生，你推开你的伴侣。如果这种负面情绪是暂时的，你可以等待它过去。但是，如果你对伴侣的负面感受反复出现，那么有必要与他分享这种感觉，这样才有机会一起渡过难关。"我对你很失望……我对你很生气……我害怕你……我对你充满怨恨……"你的伴侣应该能够倾听你分享这些情绪，不是将其视为一种攻击，而是将其视为伴侣的痛苦。这并不是一件容易的事。

你还必须清楚地区分"这就是事实"和"这就是我的体验"之间的区别。你的感受就是你的感受。我可以不带着判断或反击地去理解你的感受。我明了你的这种感觉，但这并不意味着我支持你。你无法控制自己的情绪，只能控制自己的言行。你可以生气，但我不接受你打我。你可以对我失望，但我不会容忍你不做家务。你可以感到深深的孤独，但我不能接受你每次躲到你的避难所。你可以爱上另一个人，但这并不意味着我会忍受你日夜不归，和那个人在一起。

你能影响感受吗？你不能直接影响感受和情绪。但是，有一些方法可以间接影响它们。

情境干预。每对伴侣都知道一些可以增进亲密感、使关系变得更和睦的方法：出去吃饭，一起在公园里散步，拜访朋友，一起度过一个安静的夜晚，围着舒适的炉火烤火，听一些动人的音乐，等等。每对伴侣也知道要避免那些可能会引起生气和恼怒的情境：下班回家很晚，说脏话，开始对家务产生分歧，等等。如果你去寻找关系中各种烦恼的原因，你可能会列出一份清单。通过改变这些情况，你就可以改变与之相关的负面情绪。设定某些规则和界限可以减少不愉快。恼怒不满很容易堆积起来。恼怒不满的曲线每次都达到较高峰值，然后暂时下降一点。当恼怒不满发生时，它就迅速回到峰值，而且不会再完全消失了。当出现新的不同的冲突时，恼怒不满情绪又会达到历史最高点，然后才会稍稍减弱。每次出现刺激的原因时，峰值都会比以前更高（见图6-1）。

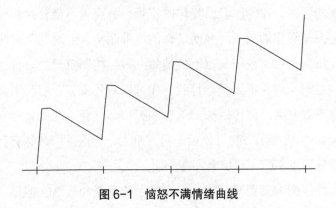

图 6-1　恼怒不满情绪曲线

说明：图题为译者所加。

在某一时刻，一件小事会成为压死骆驼的最后一根稻草。你以不恰当的方式爆发（爆发程度与最后引发它的小刺激不成比例）。在这种情况下，预防胜于治疗。如果你设法处理这些恼怒点，你就可以避免因负面情绪的堆积而导致暴怒。如果这些恼怒点发生在双方之间，那么建议采用协商的方法（见前文）。

认知的影响。你的想法也可能会影响你的感受。每次你认为自己一文不值时，你只是在增强这种感觉，并开始发展出自卑情结。阿姆斯特丹的朗格教授进行了一项小实验，被试每天两次站在镜子前，大声朗读一张写有对自己正面评价的卡片。最终，这些被试比没有参加的被试拥有更积极的自我形象。早些时候我们讨论了迷思如何影响一个人的自我形象。你对伴侣以及关于你们关系的说辞会影响你自己的感受。如果我不断将我们的关系与理想的浪漫关系进行比较，那么我的失望就会增大。如果我不断关注我伴侣的消极方面，那么我对伴侣的厌恶就会增加。

行为的影响。我们行为的改变也会影响情绪。想象一下，我不喜欢戏剧，但我的伴侣喜欢。我可以决定永远不和我的伴侣一起去剧院，这样我也永远不会欣赏戏剧。我也可以和我的伴侣一起去剧院看一部广受好评的戏剧。也许我会发现一些我以前不了解的东西。也许我会学会欣赏戏剧。

再比如，我的伴侣喜欢滑雪，但我不喜欢。与我的伴侣一起滑雪度假后，我学会了滑雪，我也学会了享受滑雪。我的伴侣喜欢罗马建筑。在假期他会跟着导游参观教堂和修道院。他的眼睛为法国韦兹莱教堂、克鲁尼大教堂，巴莱毛尼亚的教堂、丰特奈修道院这些建筑所点亮。 我们一起参观了其中一栋建筑，我在克鲁尼的侧廊发现了一个建筑奇迹，我被韦兹莱的美丽所震撼，我舍不得离开丰特奈。这可能同样适用于巴赫、莫扎特、雷奈或布列松，还有基克拉泽斯岛或拜占庭艺术的作品，以及看足球或学着热爱篮球。 你可以学习欣赏艺术，学着享受骑自行车或打网球，享受一起洗碗或亲热。

新婚夫妇往往认为大家应该自由展现各自的情感。你的感受就在那儿，你就应该表达出来。不管是否必要，他们都直面自己的另一半。 这些年轻夫妇认为自我约束和情绪控制是有害的。极端的控制和压抑的确会对人和关系造成损害，我们已经在之前的篇章中详细讨论过。对情绪的过度压抑会通过身体方式表达出来：偏头痛、胃溃疡或性问题通常是对控制与压抑情绪的反应。另外，与一个状态不稳、情绪与行为不断变化的人一起生活也是极难的，与一个就因为需要表达自己的每一种情绪（因为有情绪就需要被表达）而说伤人话的人一起生活也是极难的。一个让情绪支配自己一举一动的人不是一个容易相处的人。

一定的自我控制不会损害亲密关系或伤害伴侣。相反，自我控制是必要的。耐心是美满婚姻中的美德。有时，"敏感"和"理性"成为伴侣间的两个极端状况。这可能会带来不合现实的迷思：理性的、像电脑一样的男人和过度敏感、情绪不稳定的妻子。他们创造了他们最害怕的伴侣形象。

写作与感受。为何我们要写下我们的感受和我们正在体验的情绪？这有三个原因。我们可以以书面形式描述我们的情绪，以帮助定义它们，处理它们，并将它们表达给我们的伴侣。坐下来把它写出来可能会帮助你静下心来，并使内心明了究竟发生了什么。它可能有助于我们更好地了解情况，控制好正在发生的事情。如果你正在经历痛苦的感受，坐下来写下它，这可以帮助你更好地处理这种感受。把它写出来，使之呈现在纸上会帮助你更好地表达这种感觉。当然，你需要给自己足够的时间来"写下痛苦"。你可以把它们写出来，宣泄你的情绪。如果你专注于自己的感受并试图通过写下来定义它是哪种情绪，一开始你会感觉更糟糕，然后不好的感觉就会逐渐消退。你变得能够控制你的情绪，定义它并驾驭它。你会再次感到安定，并对当下情形有一个现实的看法。这种通过写作来处理感受的方法需要你经常去重新审视这个具体的感受，以此来与它和解。若只是一次性地将其全部写下来，问题并不会自行解决。

在一段爱情关系中，写信给你的伴侣表达一种难言的情绪是一种很好的方式，可以不受对方打扰而清楚地表述发生了什么。你可以使用正确的词句来表达自己，并在必要时更改你的用语。"我被你激怒了……""我生你的气……""我怕你……""在你……时我难过"在所有这些表述中，你表达了自己的感受，而不是在写对方的感受。你的伴侣阅读这封信时，其所阅读的不是关于他们自己的信息，而是关于他们伴侣的感受。信件的另一个好处是，你可以重写，也可以和你的伴侣重读。

感情和仪式。一个好的葬礼仪式有助于丧亲者应对悲伤和哀痛。生活中也有各种各样的仪式。仪式可以帮助定义感受，并由此带来一些新的情感。亲密关系中的仪式是群体行为，以特定形式发生，并对家庭或伴侣具有特定意义。它们帮助营造一种彼此联结的感觉。与家人散步或一起度假可以成为一种让彼此更团结、联结更加紧密的仪式。一起看某个电视节目或玩棋盘游戏，一起完成某些家务或抽出时间坐下来聊天，这些都是婚姻关系中不同形式的仪式，可以唤起某些感受或情感。

8　婚姻发展阶段和转变

正如我们之前讨论过的，随着时间的推移，婚姻会发生变化。我们可以将婚姻过程区分七个不同的阶段:(1)奠定婚姻基础;(2)脱离原生家庭进入婚姻;(3)迎接孩子到来;(4)中年期遇上青春期;(5)所谓的空巢期;(6)退休;(7)成为丧偶的单身老人。

每个阶段之后都有一个过渡期。在此过渡期，伴侣之间会形成新的规则和关系。每一次转型都是充满危机和高度紧张的时期。我们不会详细讨论第一个和最后一个阶段，因为我们更关注的是双方在一起时的关系。

在第一阶段，你开始关注婚姻，学习如何开始、结束和维持关系，像是一个测试阶段。学会应对与另一半分手可能在未来很重要。事实表明，在婚前恋爱经验过于丰富的人，以及与初恋结婚的人，往往是婚姻问题最多的人。

在最后一个阶段，一个人经历了离婚或伴侣的离世，重新成为一个独立的个体，这超出了本书的讨论范围，因为这种情况下我们谈论的就不再是夫妻关系了。

与家人保持距离

　　与父母保持健康的距离意味着你可以更好地与他们保持良好的关系。一方面，你不应该和家人住得太近。有些孩子常年住在父母家，或是将他们年迈的父亲或母亲接到自己家中。显然，长时间待在父母家里的夫妇经常有性生活方面的问题，因为和父母住得太近会让夫妻不能完全放松下来。问题本身并不在于生活在同一所房子里，而在于他们的心理关系，他们无法定义自己的独立性。例如，你可能会经常担心同住亲人的想法或感受。不断的争执和干扰会有损夫妻的独立性，造成更多的问题。

　　另一方面，住得离父母太远也未必是好主意。一些年轻人为了争取自身的独立，以冷酷的方式脱离父母和原生家庭。这种戏剧性的分离所留下的伤疤将永难愈合，并且可能会产生持久的对立，这种对立反而会将孩子与父母一直都捆绑在一起。

　　所以目前真正的问题是：一对年轻夫妇应该以什么频率与他们的原生家庭保持密切联系？这种接触应该持续多久，在什么情况下要有接触？夫妻能否明确界定只属于他们自己的共同领地？双方父母在他们的关系中占有怎样的地位？正是在这个标明领地的问题上，可能会出状况。例如，当与妻子亲热时，一个男人总是有阳痿反应，因为他总会想到他的父亲禁止他进行任何性行为。当他能够在心里对父亲说"这就是我的生活，我的亲密关系"时，问题终于解决了。与母亲（岳母）之间相处困难往往源于夫妻一方反复向她寻求帮助。在涉及与原生家庭相处的婚姻中，保有健康和积极的婚姻的重要方法就是夫妻双方在婚姻中成为一个整体。当涉及保护个人领地问题时，两人在婚姻中团结一致就可以让关系更牢固。夫妻在一起会变得更强大。如果发生冲突，父母可能会试图影响自己的孩子，并使他们与伴侣对立起来。如果夫妻间团结一致，则不会发生这种相互对抗的情况。

德鲁的岳父母。德鲁的岳父母看不起他，认为他一文不值。他们一直试着说服女儿林赛，告诉她德鲁对她并不好，并试图让林赛与他对立起来。林赛的父母在两人之间造成了摩擦与不和。林赛开始按她父母的教导去看待德鲁。德鲁拒绝拜访他的岳父母，甚至不再与他们交谈。离婚迫在眉睫。而林赛想从父母那里寻求更多的安慰。她无法摆脱父母对她的控制。她退让了一步后，与德鲁一起参加了婚姻治疗，在那里他们一起表明对她父母的立场。德鲁和林赛的纽带变得更牢固了，形成了一个整体，他们能够不再那么非黑即白地看问题了。

安的公婆。安遇到的情况不总是那么容易应对。安对公婆有他们家的钥匙感到不舒服。她公公退休了，当他们不在家时，公公就会来帮忙弄些房子里的小修小补。安的丈夫克里斯托弗似乎一点儿也不介意。然而有一天，当公

婆评论他们的房子是多么凌乱时，安感到羞愧和恼怒。克里斯托弗特地告诉了父亲，请他把时间花在自家院子里，而不是来他们家。

伊丽莎白和瑞安。伊丽莎白和瑞安得到了瑞安父母家后面的一块土地。他们在这片土地上建了自己的房子。瑞安的父母现在好像对他们夫妇俩的生活有太多的控制权了，这让瑞安觉得厌烦。他们知道他们什么时候睡觉，谁来探望了，什么时候出去了，等等。她的丈夫瑞安花那么多时间在父母家里做一些零活，而他们自己的家里仍然有许多事等着做，这也让她很烦恼。最糟糕的是，她的婆婆觉得自己有权利积极参与抚养他们的孩子。

与原生家庭拉开距离，结婚仪式是一种简洁明了的方式。夫妻结合有助于与大家庭拉开一个清晰的距离。蜜月就是在婚礼后拉开距离的一个例子。

与原生家庭成员相处困难也可能是由嫉妒引起的。小弟弟的妻子觉得她的丈夫受到经济状况较好的哥哥的不公对待。脱离这样的关系会直接影响到这段婚姻的进展。如果一段婚姻关系恶化，人们一般喜欢收拾行装回到自己家人身边，那会有一种安全感。

孩子幼儿时的夫妻关系

　　在最后一章，我们将讨论父母如何共同抚养孩子。在这里，我们将从夫妻的角度讨论抚养幼儿的这段时期。从他们的角度来看，迎接第一个孩子将完全改变夫妻关系的状态。丈夫可能会嫉妒新生儿从妻子那里得到的关注。妻子现在将她一部分的温柔、关爱给予了新生儿，而不再只是关注丈夫。在某些婚姻中，婚姻问题始于第一个孩子出生之后。在另一些婚姻中，随着夫妻双方的成长，孩子的出生会使夫妻关系更加牢固。伴侣之间的联结纽带也越来越牢固，这个时候人们终于开始意识到婚姻意味着什么。

　　孩子的到来极大地改变了家庭生活的格局。一些原有的特权消失，新的习惯开始形成。养育孩子尤其会影响到伴侣在一起的排他性和享受两人独处时光的能力。

　　真正做父母始于接受这是你自己的孩子，这点不一定是显而易见的。真正的为人父母是一项繁重的工作，它不是天生的才能，当然也不容易。随着孩子的到来，父母之间发生摩擦的可能性也会增加。有了孩子也更能凸显伴侣之间的差异。孩子会改变父母之间的平衡，导致关系出现裂痕。父母也可能从孩子身上清楚地看到，自己所不想要的伴侣身上的性格特征。在这个阶段，大多数年轻父母在抚养孩子的同时也必须平衡工作与生活。工作中的问题反过来会影响你的家庭生活。

　　另一个可能发生的问题是不能有孩子的情况。这样的夫妇必须学会面对他们永远不会有孩子的事实，或者他们可以求助于人工授精，依赖捐精／捐卵或领养孩子。无论哪种方式，经历这种情况都会给夫妻关系增加很大的压力。

　　汉克和卡罗琳。汉克和卡罗琳已经结婚多年。汉克的第一任妻子去世了。经过数月的反复试验和最终测试，结果证明汉克无法生育。卡罗琳仍然非常依恋她的母亲。她担心家里的经济状况，身体上也有很多不适。两人的关系开始出现困难。卡罗琳想要孩子，但现实中她没有，这种来回尝试给两人带来了巨大压力。后来汉克决定他要孩子，这引起了更大的冲突。他们都反对收养。卡罗琳对人工授精感兴趣，但汉克由于个人的纠结，不愿接受捐精。于是冲突在他们的关系中不断累积。

　　伴侣之间的性亲密经常在妻子怀孕期间减少。关爱通常会转移到孩子而不是彼此身上。就像泰莎能够照顾孩子，却不再有时间拥抱自己的丈夫。与年幼的孩子分开也是年轻父母难以应对的情况。第一次将年幼的孩子送到托儿所对母亲来说尤其困难，因为从某种意义上说，这是孩子离家的一个开始。它让人联想到空巢的感觉。同样的现象也可以解释为什么父母很难将孩子交给保姆。

应对自身的中年期和孩子的青春期

看着孩子成为青少年意味着你要意识到你属于上一代人了。随着孩子长大，母亲会有更多的空闲时间，有机会再次享受属于自己的闲暇时光。

在这个阶段，一对夫妇通常也有了自己的家。有些人花费数年时间把房子装点得越来越完美，按照他们想要的方式一起建造一个家是两人的共同目标。有一个共同的目标有助于许多伴侣继续一起走下去。这成为他们团结一致的首要目标。不幸的是，在某些情况下，一旦房子的事完成了，关系也就完结了。在我们的文化中，从更广泛的意义上说，买房也是安定生活的标志。就像一对夫妇一起搬进一套现代、实用的城市公寓，在一天结束时说："我们在这儿，这是我们的家，是我们将终老的地方。"

与年龄较大的孩子打交道需要父母更加团结。在与青少年打交道时，父母需要相互支持。年龄偏大的孩子倾向于晚睡，并开始侵占父母的领地，即通常要等孩子睡后夫妻才可以一起享有个安静的夜晚。现在，这些安静共处的时光也要消失了。父母完全没了隐私，除非他们制定具体的规则和协商来避免出现这种情况。

在这个阶段，身为父母的夫妻也将步入中年。能够重新开始的梦想越来越少。这种认识可能会带来与另一个人的关系或职业生涯的急剧变化。你开始寻找一个更年轻的伴侣，然后无可救药地爱上另一个人。尤其是，如果你在这段新关系中感受到更强烈的情感，并且得到了比在婚姻中更多的关注，那么这可能会导致更大的危机。对有些人来说，这只会放大婚姻的缺陷并促使他们离婚。对另一些人来说，这更像是一种放纵和调情，会从生活和亲密关系中受到沉痛的教训。与第三者的关系并不一定代表你的婚姻在走向失败。通常不忠的伴侣会回到婚姻中。如果婚姻在之前就岌岌可危，那么这场外遇会助推夫妻分开。

与第三者的关系会让夫妻双方都非常痛苦。有时你可以通过与伴侣的沟通来消化这种痛苦。有时你只需要保持距离。这场外遇的意义何在？你在这段关系中发现了什么是你婚姻中所没有的？你能从中学到什么来改善你的婚姻？例如，有时打破常规，冲动一些会带来更多兴奋感。也可能突然发现，除了一直工作之外，仍然还有时间来点小亲密……不过是与第三者。从理论上讲，与你的配偶有这些小亲密也应该是可能的。

弗兰克、维罗妮卡和艾薇。弗兰克 50 岁，维罗妮卡 55 岁。弗兰克一直没有生育能力。维罗妮卡已经学着接受了这个事实。而最近曝光的是弗兰克大约十年前就有了一个更年轻的女朋友，这对他们已婚的朋友来说是一个震惊的消息。她的名字叫艾薇，是一位与他相处得很好的同事。她喜欢莫扎特，弗兰克已经陪她去过两次萨尔茨堡音乐节。维罗妮卡从来不想和他去那里的。 这是一种柏拉图式的关系，但这

让维罗妮卡彻底心烦意乱。她不知怎么办。最让她烦恼的是，他把所有的时间都花在了艾薇身上，而这些时间他本来可以用来关注她的。她很失望，万万没有想到会这样。"为了和他在一起，我已经放弃了很多。我甚至感觉自己宠坏了他！"她觉得自己被欺骗了。她怕弗兰克和艾薇的这段关系也有亲密性接触。弗兰克也怕她再也不会信任他了。问题是，如果与艾薇所谓的友谊结束，弗兰克和维罗妮卡的关系是否还能挽救？他们还能从他们的关系中得到什么？

通常让人痛苦的不仅是你的伴侣有婚外情这件事，而是他／她对此守口如瓶。在婚姻中，隐瞒你认为重要的事情会破坏两人的亲密感。在你发现之前，你不知道的事情不会伤害到你。如果你发现这是一个长期的秘密，那么打击会更大。

在经历过婚外情之后，你可以学到宝贵的经验，比如经营自己婚姻的能力。你可以计划在城里约会，然后迫不及待地等待伴侣的出现，也许还可以带上鲜花或其他小饰品等小礼物以示好。你们可以一起去听一场圣诞音乐会，或者计划一次没有孩子的周末旅行。也许你们可以一起参加一项运动，或者参加交谊舞，一起享用美味的晚餐，或一起在夜晚散步。处理好婚姻中的婚外情可以带来双方的联结，让彼此更团结，除非你诉诸寻找婚外情的所有明确细节。这通常是表达伤害和不信任的一种策略。这些问题类似于："你们去哪儿了？你们做什么了？

你们聊了什么？她床上功夫比我好吗?"所有这些问题都是某
种情感的表达:"我害怕失去你。""我觉得被羞辱了。""我很失
落。""我很难过，很愤怒!"

　　伴侣们很难区分信任和保证之间的区别。有些人希望通过
增加对配偶的控制和对方的保证来增强对关系的信任。这自然
是行不通的。正是因为我们永远不能百分之百地确定对方，所
以信任才如此重要。信任就是在没有保证的情况下让对方相信
你。在一段关系中，双方尽可能诚实地对待彼此将增强这种信
任，尽管信任永远不会变成确定性。

空 巢

到了更成熟的年龄，所有的孩子都会独立，离家，得到升迁，事业稳定。你们经济稳定，也熟悉彼此的性关系。

孩子们离去。在我们的社会中，家庭通常是一个自给自足的单一主体，独立于更大的扩展家庭。在这个通常只有几个孩子的核心家庭中，彼此间深厚的关系非常重要。有时，它是与另一个人建立亲密联结的唯一来源。

考虑到这一点，我们可以反思空巢综合征。在空巢期，孩子们都离开父母，父母再次面对彼此。在一些女性主要负责家庭事务的传统婚姻中，她们与孩子的关系非常重要。抚养孩子是她的"全部"。她将全部身心倾注在孩子身上，尽管这带来很多问题，但也带来了很大的满足。

当孩子们开始离开父母的家时，会给父母带来一种失落感。对于花费最多时间抚养孩子的一方家长来说，这种失去尤其难受。这就是将这种失去命名为"空巢"的负面含义。我们稍后会看到这个阶段也有积极的一面。父母经历这种失去的方式很大程度上取决于孩子离家的方式。如果这种分离发生在冲突期，经过多次对抗，那么就可能留下很深的创伤，因为冲突双方都会抱有一种愤怒和怨恨。大家可以问问自己，孩子们是否真的以这种方式获得了独立。即使孩子是以积极的方式实现独立，它也会给父母带来一种切切实实的失落感。可以说，在积极的情况下，父母在孩子身上倾注了大量心血，当孩子离开时，也带走了一部分的自己。

对于一个年轻人来说，真正自由脱离家庭一方面意味着足够独立，可以过自己的生活（在他们自己的环境中与同龄人在一起），但另一方面要足够成熟，在实现自己的独立时，不会对父母怀有敌意或厌恶。与父母进行对抗具有明显的含义。成功脱离家庭意味着在保持距离的情况下，父母和年轻人之间还保有正面的联结。

从父母的角度来看，这意味着他们会让成年子女独立、不受干涉地过自己的生活。在双方同意的情况下，仍然可以按照他们约定的方式和频率进行联系，但要知道成年子女完全可以掌控自己的生活。爱管闲事的婆婆的案例呈现了一位妈妈未能成功地将孩子抚养成一个独立、负责任的年轻人的故事。生活中的观察告诉我们，只有当孩子们觉得父母自身的婚姻状态良好时，他们才能放心地离开这个家。有些父母真的会在孩子离家时经历伤痛阶段。一些父母为了避免面对这种悲伤的情绪，甚至能把本没有必要留在家里的孩子一直留在家里。他们会试图引诱最小的孩子，或者是那个最弱的、问题最多的孩子留在家里。害怕让最脆弱的孩子离开会使这个孩子继续脆弱下去，这似乎是自相矛盾的做法。

对孩子放手，也可以是让他们按照自己的意愿与父母建立一种全新的关系。比如儿子与父亲有着多年的冲突，因为他觉得受到父亲的虐待，而在婚礼那天，当父亲说出睿智的话语和对他未来的祝福时，他感动到落泪。这不仅关系到孩子的状况，这个阶段也会产生不一样的新的婚姻关系。

再婚和重宣誓言。 在婚姻的每个阶段，夫妻都需要重新定义和调整他们的关系。规则是什么？结婚究竟意味着什么？夫妻应该在婚姻的每个阶段做出哪些改变和调整以面对彼此？有时会发生这样的情况，一旦孩子们离开了家，父母就会宣布结束两人的关系。"为了孩子而待在一起"的夫妻突然要面对彼此，面对这段关系中的空洞。这段关系里没有留下任何东西：没有亲密感、没有关注、没有时间、没有性爱、伴侣甚至不共处一室等。不知不觉中，由于缺乏对这段关系的付出，他们基本的婚姻约定动摇了，婚姻也失败了。从这点来说，危机意味着双方都有机会开始自己的新生活。比较晚婚的人实际上没有多少机会可以选择重新开始。

随着孩子们长大，其中一方可能会决定让多年来一直惹恼自己的另一方离开。他们在沉默中渐行渐远。他们期待着重新开始自己的生活，一个新的开始。或许他们会和另一个人展开一场激情恋爱，仿佛夏日的风暴席卷而来，让他们的伴侣和成年子女感到震惊。也有伴侣在婚姻早期阶段就发展了婚外关系。也许开始时与此人的关系纯粹是柏拉图式的，但随着时间的推移变得越发浓烈。多年来，这种婚外关系变得如此强大和亲密，最终导致婚姻出现裂痕。结婚二十年后被离弃的一方伤心欲绝。这是一种让人感觉悲惨、痛苦与不解的丧失。失去伴侣后，孩子的离去变得更加让人难以忍受。

婚姻中的智慧

然而，在大多数情况下，成年子女的离去，让夫妻有机会重新认识彼此。当然，这需要能量。空虚的体验不会戏剧化地转变成满足。

寻找成就感这件事成了一项艰巨的任务，尤其是对花了最多时间抚养孩子的一方（通常是母亲）来说。这位抚养者需要发现新的领域、发展新技能并培养新爱好。她终于有时间去做所有她一直想做，但过去由于所有精力倾注于孩子身上而无法做到的事情。也许她想去探望朋友，做义工，回到学校，等等。当成年孩子有了自己的孩子后，她可以提出帮忙带孩子，但这当然只有在孩子们需要的情况下才可以。

对于在外工作的父母来说，这通常成为他们职业生涯中最重要的一点。事实展现在眼前，工作并不是生活中的唯一。

现在双方都有了闲暇时间：参加运动或活动在现阶段对身心健康都非常重要。在性方面，双方完全合拍。孩子越来越少地干扰到父母亲热的机会。母亲似乎有更多的时间了，对亲密的想法也更加开放。这些年来她专注于孩子的温柔终于以一种亲密有爱的方式转向了她的丈夫，而不是只有本能的母爱。这个阶段的一个具体特征是亲密关系中的联结纽带增强了。在这一点上，你们可以比刚结婚时能更好地了解和理解对方。许多习惯和家务都是支持着你们继续走下去的纽带：就家务而言，你们知道对彼此的期望，都知道自己的角色。希望伴侣可以保有一点创意，继续为这段关系带来些新的东西，也许是一个小小的让人惊喜的礼物，一个笑话，一个新的倡议……令人兴奋的亲密关系不仅仅是性生活的变化，更是关于分享新的体验，得到配偶深深的接纳，保有兴致的生活艺术，了解你的伴侣，并直觉地感受到与之的联结。

你可以打破常规，也可以让琐事变得令人兴奋些。你可以做一些不同的事情或以不同的方式做一些事情，比如某个晚上很早就一起睡下；在壁炉前的毯子上共进晚餐；一起在床上度过一整天；早点起床，去散步或骑着自行车去看万物苏醒；做个早起的鸟儿，在农贸市场刚刚摆好摊时就去那儿逛；在城里听完音乐会后，整夜待在外面；找些新的事情做，如看一场足球赛或芭蕾舞；计划去搭一次游轮，或去一个热带国家度假；计划一次城市旅行，一起探索一个新城市。

与外界和原生大家庭的纽带会再次变得牢固起来。配偶会更多地参与照顾他们的长辈，会加强与兄弟姐妹间的联结，他们也许正在经历着不同的人生和家庭阶段。与还在周边的老朋友们重新建立关系。对个人而言，这个阶段也意味着大量的内化工作。他们开始意识到很多事情是不再可能的了，比如生孩子，重新开创事业，等等。他们也许难以接受生活中有些大门已经对他们关闭的事实。他们触到了生活中的局限。在盛夏过后，你会慢慢进入秋季，在那里收获劳动果实，并在即将到来的冬天好好保存它们。

哪些因素会确保你将空巢体验作为一个积极的人生阶段

呢？重要的是父母双方都尊重孩子，希望他们一切顺利，接受他们的自主权和独立性，不要将他们视为自身财产。如果你能以一种积极的方式度过前面的婚姻阶段，没有将你的配偶推开或用粗暴的方式处理冲突，你更可能以积极的方式度过空巢期。这意味着你们可以离开孩子，为彼此腾出时间。夫妻双方继续培养他们的性关系，并保持他们的亲密和温柔。渐渐地，随着孩子们的成长，父母双方都开始为业余活动和爱好腾出时间。最重要的是保持自己精彩的生活，在工作、游戏、家庭、朋友、爱好等中找到快乐。不要给自己定太高的目标，这样你才能以现实的态度获得这种快乐。

退休：一起回家

退休后的重大任务是重新分配各自的任务和领地（在失业期间也是如此）。你要确保给彼此腾出足够的空间，在配偶工作的时间给你自己安排活动（寻找避风港）。

领地的重新分配

退休意味着个人失去大片领地。这意味着夫妻双方接下来会开始争夺家庭生活的领地。可以重新分配的领地比以前小得多。这意味着你们将需要重新协商谁做什么，在这个过渡阶段，这可能会因各种鸡毛蒜皮的事而产生无意义的争执。

一位 67 岁的老人，曾经负责一个百人的团队，负责许多重要事务，当他和妻子就如何正确打开冰箱产生分歧时，他对妻子动了手。这个在过去总是有发言权的人，失去了自己在工作中的领地。他试着在家里重新夺回一些领地，不幸失败。他的妻子在厨房当了 45 年的老板，她像捍卫自己命根子似的捍卫她的厨房领地。他们为冰箱门第一次动起手来。之后，他们的孩子就将他们转介给了治疗师。

避风港和个人领地的重要性

两个住在一起的伴侣在过去会因工作而保持一定距离，但在退休后就要每天面对面，这时有自己的避风港就变得非常重要，对老年俱乐部的需求变得非常明显。与孩子的联结纽带可能会消失，但会与正在经历同一阶段的其他老年人建立新的联结纽带，这会是一种让人充实的体验。

就像其他所有阶段一样，过渡期是最困难的。从人生的一个阶段进入下一个阶段，包括在婚姻中的阶段转换，都会带来危机。伴侣必须重新评估他们目前的安排。一旦这一转变期过去了，这个阶段的余下部分就会以平和的方式展开。

9 决定：离婚还是渐进式改变

当面对长期严重的关系问题时，伴侣会慢慢开始质疑他们在这段关系中想要的和不想要的。无论哪种方式，目前的情况都行不通，需要做出改变。他们需要决定自己想朝哪个方向前进，而这常常是一个不够清晰的决定。参与其中的每个人都将不得不处理继续在一起或分手的内心冲突。也有这样的情况，一方伴侣决定退出，而另一方则想尝试解决问题。这就是为什么我们将首先讨论如何做决定，然后才能进行下一阶段的改变计划。

决　定

　　关于婚姻，什么是好的决定？一个决定是好是坏取决于评估该决定的时间点。在接受婚姻咨询几周后，你可以问问自己："我们陷入了什么困境？或许我们就该分手了。"但是两年后，你可能会很高兴你决定了走试着修复婚姻的道路。可也许二十年后，你会认为当时离婚可能是个更好的主意。剩下要做的唯一一件事就是找到做出决定的合适条件。当然，该决定的内容完全取决于做出决定的个人。一个好的决定是你经过长时间的思考后做出的，并且是考虑各种选择后深思熟虑的结果。在这个过程中有三个不同的步骤——推理、选择和决定。

　　对这段关系的未来开始犹豫通常是由于某个特定事件引起的。这可能会使其中一位伴侣觉得这段关系走在错误的轨道上。你的配偶有过婚外情，种种身体不适，疾病或极度紧张，失眠，无数次失控的争吵，性生活困难，这些都会让你们考虑是否要继续这段婚姻。

　　做出一个好的决定意味着考虑尽可能多的选择。乍一看，似乎只有两种选择，即分手或继续这段关系，但真的没有那么简单。

　　当决定要继续这段关系时，你又可以有多种选择。关于这一点，主要有三个选择。（1）我们可以保持现状。我们知道这个情形是如何运作的，无论好坏，就如我们一直以来所处理的那样。这实际上可以是一个决定，不管情况如何让它继续，因为你已经了解这个情形，也有处理它的经验。你接受你所处的境遇，尽管它可能很糟糕。（2）我们齐心协力，好好努力一起解决问题。我们竭尽全力地把这变成让双方都满意的局面。我们要一起重新开始。在这个问题上最好是去寻求治疗师或家庭顾问的帮助。（3）我们知道问题所在，我们将在试验的基础上尝试在一起。也许试上六个月事情会自己发生改变。这个选项意味着你们可以去努力改变这种情况，但这种尝试是暂时的。如果六个月后，情况没有太大变化，那么你们就可以分开，这时感觉也没有以前那么内疚了。如果六个月后，爱火重新点燃，那么你们可以决定真正全力去修复这段伴侣关系。

还有一种实用的相处形式：（4）实用关系。这是一种寿命很短的关系。你们住在一个屋檐下，但没有任何亲密感。你们分担家务和责任，就是这样。最后一个选项实际上是分居的一部分了。

当你选择分手时，还有两个选择。（5）我们先分居一段时间。只有当配偶一方认真考虑离婚时，这么做才有意义。这是为了检验你是否可以独立生活，以及你是否会想念自己曾是这段关系中的一部分。在此试验期内，你不会再去了解关于共处的任何事情。在使用"试验期"一词时，我们指的是有安排的协议。夫妻俩将在此期间安排好孩子、财务和其他重要事务。你们在此期间安排的一切仅在此试验期内有效。如果最终离婚，还会有进一步的安排。对孩子们来说，什么都不会改变。在这次试验期间，一个伴侣将在设施齐全的公寓里独自生活，这与回到自己的父母亲家中住上几天完全不同。（6）离婚。我们还给彼此自由，去过自己的生活。我们无法让婚姻继续下去。我们尝试过，但失败了。这不再是任何形式的婚姻了。我们不会再以任何方式干涉对方的生活。

离婚。离婚不是一时的，而是一个可以持续数月甚至数年的过程。两个人，曾经是夫妻，如今要再次带着自己的情感、社会地位和财务状况等独自生活。离婚本身是一个过程，在身体和情感上都是。在这个决策过程中释放出的那些情绪会对个体生活产生巨大影响：害怕孤独终老，害怕失去伴侣，内疚，孤独，悲伤，感觉无能为力，仇恨，敌意和对伴侣的愤怒，等等。

一旦你做出了彻底分手的决定，你就可能会有一种终于结束了的解脱感。这也通常伴随着对未来的恐惧。有时你会感到孤独，或为失去而难过。你无法相信事情会发展到这一步。就像艾琳，在丈夫离开她很久之后，她还会为丈夫摆好餐具。她一直觉得他总有一天会回到她身边。有时你真的不想去面对现实。你会经历一段悲痛期。你离婚的伴侣，是你过去生命中的重要组成部分，他／她仍然活着，但生活在别处，不再是你生活的一部分了。

当你终于能够再次找到自己的位置时，你的悲痛及应对期也就结束了。只有当你真的接受这种丧失时，你才能处理好它。你不能假装它从未发生过。当你最终准备好独立和乐观地面对这个世界时，新的选择才会出现，一个新的未来也即将出现。也许再过一段时间，新的关系会出现，你会建立新的家庭——再婚家庭。然而，其中一些第二段婚姻也失败了。

第二段婚姻的一些建议：在开始第二段婚姻之前，你的第一段婚姻必须彻底结束，这一点非常重要。那么我们怎么知道第一段关系什么时候完全结束呢？斯图尔特和雅各布森（1985）[①] 认为可以通过以下问题帮助你解答这个问题。你经常想你的前任吗？你还在生他们的气吗？你认为你应该更努力地去挽救这段关系吗？你还对前任感到内疚吗？你是否仍然对前任与他人发生性关系感到嫉妒或有性幻想？你是否因为希望你的前任回来而不愿接近另一个人？你是否根据前任的喜好或想让前任出于嫉妒或内疚而做出某些决定？你是否试图通过关于金钱或孩子的争论来与你的前任保持联系？你做出人生选择只是为了看看你的前任会如何反应吗？你能意识到你们双方都对婚姻中的好与坏做出了贡献吗？

斯图尔特和雅各布森（1985）也给出了一些关于第二段婚姻的建议。（1）选择一个已经具备你所期望的特征的伴侣。很少有人会在第二段婚姻中改变自己的选择方式。（2）爱一个人并不能保证你能和他／她一起生活。爱可以帮上忙，但你必须有更多的理由和新的伴侣在一起。（3）结婚只是因为你想要，而

---

① 参见 Richard B. Stuart & Barbara Jacobson, *Second Marriage: Make it Happy! Make it Last!*（New York: W. W. Norton & Company, 1985）。——译者注

婚姻中的智慧

不是因为你的新伴侣想要。(4)选择一个和你很像的人。婚姻中已经有足够多的差异需要克服了。

有些人永远无法真正结束他们失败的婚姻。这可能会变成奇怪的关系，你们互相取笑，或者靠着法律程序来维持仍然存在的冲突关系。离婚过程中未解决的问题只会在司法程序中演变成更大的绊脚石，使这个过程变得更加痛苦和困难。你们应该在离婚程序中争取双方同意。这样，你们就可以在孩子、财务、生活安排等方面做出自己的决定。只有在双方确实无法达成协议的情况下，法官才会最终做出他们认为的最好的决定。在离婚结束之前，你们应该解决好所有个人问题。只有这样，你们双方才能与这件事做个了断，继续前行。

离婚和养育子女。离婚后，父母仍然是他们孩子的父母。每个孩子都得到这样的信息："无论发生什么，我仍然是你的爸爸。不管发生什么，妈妈都会一直在你身边。"通过这样的信息，父母清楚地给了孩子们没问出口的问题——"我的父母会像抛弃彼此一样抛弃我吗？"——的答案你们还应该为孩子回答另外两个问题（Teyber，1992）[①]："如果我乖乖听话，妈妈和爸爸会复合吗？""如果我表现得更好，妈妈和爸爸会一直在一起吗？"

做出你最终的决定。在权衡所有选择之后，你真的开始想

① 参见 Edward Teyber, *Helping Children Coping with Divorce*（United States: Lexington Books, 1992）。——译者注

象各种场景中的生活会是什么样子的。如果我做出这个选择，两年后的生活会是什么样子的？我将如何度过我的周末？孩子们会怎么样？家务、爱好、工作呢？你试着想象你在那种情况下的感受。你选择一个场景的依据是你觉得自己在这种情况下会如何表现。你所做的决定更少取决于他人了，因为他们对你的决策过程没那么重要。

渐进式改变

如果你决定修复你们的关系，你需要避免一些对改变的误解：必须自然发生；必须是自发的；必须完美运行；必须立竿见影；必须一劳永逸。

改变必须自然发生

改变需要努力。它不会在婚姻中自然地发生。作为一个人，改变你的日常生活和习惯已经够难的了，如果要考虑第二个人，那就更难了！在这种情况下，你只有付出努力，才会有收获。

改变必须是自发的

系统地改变一段关系不会是自发的。尽管如此，许多人仍然相信关系中的一切都是自发地发生的。关系"自发地"出错。你的婚姻"自发地"失败了。认识到这是一个错误的想法，你才会开始学习新知识。主动学习是学习过程得以开始的体现。在这个阶段，你将有意识地学习新的模式和行为，直到它们成为习惯。自发性是很好地学习新事物并掌握后的结果。当某人自发地就可以开始演讲，这意味着其很努力地学会了演讲，然后才达到了今天的状态。轻松驾驶的人必须从某处开始。没有什么是真正自发的，一切都是以某种方式学习的结果。

改变必须完美运行

开始改变并不会带来完美的婚姻。完美的关系是不存在的。你必须设定某些目标才能持续走在改进的道路上。一个学习弹钢琴的学生，从第一天起就想像演奏家一样演奏，通常在早期就会体验到失望。

改变必须立竿见影

改变亲密关系是一个学习过程：学习以不同的方式做事。这种学习需要循序渐进，一步一个脚印。如果你将一个不可能的目标分解成一个个小的目标，当这些小目标都实现时，你就最终实现了这个原本不可能的目标。你可以梦想改变一段关系的整个运作。实现这一目标的唯一方法是一次一点点地具体改变某些行为。如果你将目标保持在可实现的范围内，你绝对不会失败。这个小小的成就也会激励你去解决其他的小问题。有些人认为这些小小的胜利是不值得的，但这些小小的胜利蕴含着巨大的价值。它们的价值是向你的伴侣发出信号，表明你确实在尝试改变。你决心一次一小步地处理这段关系。莎拉和斯坦就周末安排达成协议。他们会分工做饭、打扫卫生和出门购物等。当他们进入另一场激烈的争执时，他们知道："这就是我们周末的安排，我们会坚持下去，无论刀山火海！"这种固定时间表的概念帮助他们一起度过了周末。他们都证明了他们愿意坚持这种安排，作为想要为对方改变的标志。

这种渐进的变化形式对所有亲密关系的转变是否都是必要的？不是。对于伴侣间学习一些新行为，这是必要的。例如，你应该先学习如何抚摸他的背部，然后再学习抚摸他的男性部位。你应该先学会在晚饭后在餐桌前坐五分钟，然后再试着熬夜聊天。在改变某些行为时，循序渐进，才能发挥作用。

但是如果你说要全力以赴去改变你对配偶的印象，那么这个巨大的改变就可以立即发生。在与丈夫进行了漫长而痛苦的谈话后，玛丽决定要和史蒂夫待在一起。她曾经认为他是一个卑微的人、一个剥削者。"突然"她将他视为一个需要她的伙伴，也是一个可以支持她的人。她对他的印象瞬间就变了！这种剧烈的形象变化可能会突然发生。这种变化可能发生在长时间的交谈中，在这段谈话中，你们交流彼此的感受，并触及彼此内心深处的东西。然而，行为和习惯的改变更难，这需要时间。

改变必须一劳永逸

每一次改变都需要重复。重要的变化不会发生一次就保持那种状态。如果你想达到一个既定的目标，重复是必要的。你可以选择某种关系，但是，正如我们之前所说，在关系中做出决定实际上是不断地做出一些小的选择，你根据许多小事做出选择。达成目标或做出决定是一个渐变的过程。

抵制变化

每一次改变都会遇到配偶、关系本身和你周围的人的一些阻力。阻力通常来自知道原状况的好处。阻力是每次改变都需要的一个常数，以防止变化来得太剧烈，从而使变化的程度适当。稳定与变化是共存的。一方伴侣通常是反对另一方伴侣或关系发生变化的阻力来源。

一个酗酒的男人戒酒了。他的妻子说："你一点都不讨人喜欢了。当你喝酒时，至少你还挺有趣。而现在我也不能喝了！"这里很明显体现了妻子是如何利用丈夫酗酒来取悦自己的。

经过几个月的治疗，一对夫妇已经能够停止争吵。现在他们也一样不开心。他们觉得彼此很疏离。"我们就像陌生人一样。我想念他，他变得如此不带情绪。过去他总是了解发生的一切，而且非常投入。"

一个顺从的男人学着如何为自己说话，这是他妻子一直鼓励他去做的。而现在她认为他很烦人并开始抱怨。在一段关系中，原有的熟悉的生活方式会提供安全和舒适感，即使那些旧习惯并不是双方想要的。

害怕失败。对失败的恐惧，对无论如何都行不通的恐惧，常常在改变的尝试中发挥作用。如果你确信自己无法修复婚姻，那么你就是在为失败做准备。一个如此害怕失败的人不会认真对待变化，他们不会做出承诺。这只会证明你的恐惧——失败。对失败的恐惧也会引发回避行为。这种回避行为是去回避要发生变化的情境。你甚至不再尝试做出任何改变。你们一起避免了失望。以下是关系变化期间回避行为的一些主要例子。

（1）**向理想状态的逃避**。把一个理想状态捧在手心，你就无法体会到关系中一个小变化的价值所在。面对理想中田园诗般的完美关系，这种毫无意义的小变化算什么？与真正的理解相比，我们的小聊天算什么？

（2）**逃往未来**。"现在我什么都不用做，但等孩子长大一点，我会做一个好爸爸。""当我能晋升并有份好职业时，我就可以专注于我的家庭了。""当我们有了房子，我就能做一个更好的丈夫了。"可是现在这一切都不会发生，这只是这个正在失去妻子和孩子的男人所想的。

（3）**逃往过去**。你被困在自己理想化的过去。"当我们还是孩子的时候，我们多么快乐。""孩子们小的时候……""我们新婚的时候……"这是回避行为，因为你的回忆使你现在什么都不做。我们去回忆和过度分析过去。为什么？怎么回事？

然而，回顾过去也有三个正面的理由。①了解什么方法有用、什么方法没用。"我们试过了，这对我们的关系没有影响。"②把过去发生的事情归为过去。"是的，我们经历了那件事，我们已经把它抛在脑后了。"③因为过去充满了美好的事物：翻阅相册重温婚姻，观看孩子成长的老视频。生活中也有那么多美好的时刻。

（4）**逃入中立区**。对我来说，变与不变都一样。我们现在改变也不会有什么影响。没什么事是可在乎的了。这可能带来玩世不恭和可能的自杀行为。

在婚姻中，这四种回避行为的最终结果都是一样的：既不能解决问题，也不能阻止问题。如果不采取任何措施来解决问题，只会让情况变得更糟。

亲密关系在时间、空间和周围环境中发生变化

在关系中处理好时间问题很重要。维系一段亲密关系需要花很多时间，而人们往往没有什么空闲时间可以给予对方了。对于时间，你可以有两种态度。处理时间的第一种方法是你现在就做一些必要的事情。混乱会让你不知所措。是的，家庭和婚姻会占据你的大部分时间。可如果你只在必要的时候才去完成你的任务，你就会成为这些此时此地必须完成的任务的奴隶。

处理时间的第二种方法是安排时间。这意味着，你把自己的生活安排得井井有条，让自己可以在固定的时间做某些事情。例如，与其每次需要东西时才去商店，不如列一个清单，每周去一次商店。安排时间最适合用日历或记事本。这样做的前提是，作为夫妻，你们聚在一起提前计划好要做的事情。设定时间规划通常是这样的：工作，放松，如果还有时间，那么你可以和家人在一起。严格来说，这三件事应该根据它们对你的重要性在日历上被规划好。如果你们需要共度一段时间，比如一个晚上的约会，那就应该立即把它添加到你的记事本中。

物质生活空间对于夫妻或家庭来说也很重要。人们的习惯是由门把手、椅子、走廊的气味、卧室的温度等决定的。在一些现代家庭中，找到避风港几乎是不可能的！有些家庭的布置就是让人无法找到一个能舒服坐下来交谈的角落。如果你把电视设置成你可以在吃饭的时候看，你就是在找麻烦。如果你的卧室又冷又湿，那么亲热的心情也就很难有了。如果客厅离厨

房很远，一边做饭一边聊天是不可能的。 如果在一个开放的生活空间里没有电视耳机，那么如果只有一个人在看，每个人都会受到干扰。如果浴室里没有洗衣服的空间，那么它很快就会变得一团糟。

每个人都注意到，经过长时间的假期或旅行，习惯会自然而然地立即恢复。即使彼得不打算把外套留在客厅的椅子上，每次他回到家时，椅子好像都会把夹克吸过去。改变我们的生活空间可能是朝着正确方向迈出的一步。从某种意义上说，移动家具位置就可以带来某种翻新。这些微小的改变也可以有其价值：它们像是提醒我们伴侣的信号，我们正在寻求新的解决方案，并有意与他们一起改变。

在积极的改变过程中，你身边的人也会受到影响。孩子会试图将父母推回他们熟悉的家庭角色，从而对夫妻关系产生影响。他们会回到经常让步的父母身边。父母也可能试图利用孩子来对抗他们现在不怎么在乎的配偶。如果你正在尝试做出改变，那么你也应该提醒你周遭的人会有这些即将到来的改变。

婚姻中计划做出改变时的一些其他规则

要求得多一些比少一些会更好。这很容易理解。如果你要求的比较少，那么你只是在消除一些让你恼火的事情。消除烦躁并没有真正获得任何东西。如果你要求的更多，很明显你是在要求一些你知道你能得到的东西。一切都是为了有所收获。

最好是提前安排好，而不是事后处理问题。如果你在你们的关系中所做的一切都是即兴发挥，唯一的结果就是恼怒。你可以远距离安排很多事情。这种安排令人放心，因为你知道会发生什么。当提前安排好时，你会觉得事情尽在掌控之中。这并不意味着某些即兴发挥不能带来乐趣。

如果你想一起改变一些事情，就需要一起做出安排。当你一个人的时候，你可以随时做出改变。当有不止一个人参与决定时，你需要新的共同安排来使改变生效。例如："我们都会在早上9点起床吃早餐。"

人们经常将解决问题与解决冲突相混淆。当你们在践行一个共同理念时遇到了麻烦，这就是解决问题。例如，汤姆和玛丽都喜欢跳舞，但他们似乎没有时间去跳舞。他们决定每个星期六晚上去跳舞，这解决了问题。想象一下，汤姆讨厌跳舞而玛丽喜欢跳舞，他们首先需要解决他们之间的冲突，然后才能解决随之而来的任何问题：谁做什么，在哪里，等等。

如果你想改变某种行为，你必须把它具体化，并制定目标。想象一下，斯坦和玛丽亚都认为现在的家务分工对斯坦是有利的。当然，他们都想解决这个问题，他们都同意斯坦必须承担一些额外的家务来减轻玛丽亚的工作，但仅这点是不够的。首先，他们必须确定一种具体行为。这可能包括在晚饭后打扫卫生、给卧室吸尘、给书架除尘等。他们选择一种特定的行为——给卧室吸尘。现在他们将确定他们的目标：每两周由斯坦对卧室进行吸尘。两个月后，他们可以对此进行评估。养成新行为习惯的一个重要技巧是将其与特定时间或日期联系起来。若斯坦知道他需要每隔两周在周五晚上 5 点到 8 点之间吸尘，他就会做得更快。

有时，行为的频率需要改变。伴侣双方必须同意，问题就是因为某个行为的频率。解决方案可以是，每次做到了，便记下来。我们想在晚饭后共度时光。我们现在多久可以饭后共度时光？让我们把它记在日历上，这样我们就可以看到这种情况发生的频率。我们希望这种行为多久发生一次？

协助关系改变的工具

下面是亲密关系中的一组有趣的行为。也许你可以通读列表并选出你喜欢的内容。完成后，请你的伴侣也这样做。然后，你标明你需要付出多少努力去达成你的伴侣所选的行为（没有努力为 0，非常努力为 10）。然后你要求你的伴侣也这样做。

示例

假设 A 喜欢 B 做她最喜欢的甜点，然后 A 标注了做甜点这一点；想象一下，B 喜欢 A 按时倒垃圾，然后 B 标注了这一点；想象一下，B 喜欢 A 在有客人来时穿着得体，然后 B 又标注了这点；想象一下，A 和 B 都喜欢对方坚持自己的节食方式，然后他们都会标注这一点；等等。在他们强调他们想要什么之后，A 将在右栏"A 的成本"中指出 A 将付出多少努力以实现 B 所标注的行为。倒垃圾很简单（2），遵循节食方式需要很多的努力（9）。然后 B 效仿并完成"B 的成本"下的工作量列表。制作甜点是最小的努力（1），但平衡收支并不容易（8）。

例子

B 的成本	A	伴侣喜欢的	B	A 的成本
1	+	做最喜欢的甜点		
		倒垃圾	+	2
		穿着得体	+	1
8	+	平衡收支		
2	+	遵循各自的节食方式	+	9

B 的成本	A	伴侣喜欢的	B	A 的成本
5	+	管理信件 接送孩子		

快乐清单

B 的成本	A	**家务**	B	A 的成本
		在不打扰我的情况下完成家务		
		就一件重要的事情征求我的意见		
		打电话或联系房东解决问题		
		修理东西或请专业人士修理		
		在我们离开家之前关灯、关暖气、关咖啡机		
		壁炉生火		

B 的成本	A	**空余时间**	B	A 的成本
		帮忙组织一次聚会		
		邀请朋友来访		
		他人邀请我们参加派对		
		请人吃饭		
		提议在周末做些有趣的事情		
		找机会和家人聚聚		
		对我的朋友很宽容		

B 的成本	A	空余时间	B	A 的成本
		对我们的伙伴友好		
		愿意和我一起出游		
		我们一起外出时，他 / 她的行为让我感到骄傲		
		有社交活动时晚些睡		

B 的成本	A	性生活	B	A 的成本
		对我的性挑逗做出积极的回应		
		让我知道你是否喜欢和我发生性关系		
		爱抚并抱住我		
		主动参与性游戏		
		主动发生性关系		
		性生活后晚些睡		
		性爱中非常主动		
		按摩我的脖子或脚		

B 的成本	A	个人习惯	B	A 的成本
		穿着体面		
		好看的发型		
		在打扮上花些时间		
		穿着漂亮得体		
		准时		

9　决定：离婚还是渐进式改变

214

续表

B 的成本	A	**个 人 习 惯**	B	A 的成本
		让我在屋里睡		
		尊重我的个人空间		
		说话清晰		
		若要迟到，提前告诉我		
		礼貌地请求关注		
		在公共场合秀恩爱		
		组织一次浪漫的郊游		

B 的成本	A	**财 务**	B	A 的成本
		计划开支		
		讨价还价		
		平衡收支		
		帮忙决定大项的购物		
		按时支付账单		
		同意我需要花钱		
		赚取额外现金		
		花费不超过预算		
		购买前询问我的意见		
		记录消费支出		
		允许买些多余的东西		

婚姻中的智慧

B 的成本	A	**交通运输**	B	A 的成本
		洗车		
		清空烟灰缸		
		保养汽车		
		加满油箱		
		在危险情况下小心驾驶		
		开车的时候逗孩子们玩		
		接送孩子参加课外活动		
		在我需要汽车的时候准时到达		
		按时来接我		
		在我需要的时候把车借给我		
		不评论我的驾驶风格		

B 的成本	A	**个人习惯**	B	A 的成本
		管理家庭信件		
		打扫浴室		
		吃饭时不抽烟		
		打扫厕所		
		把所有洗漱用品整齐地放好		
		换卫生纸		
		把水槽里的头发清理干净		
		擦浴缸		
		修饰自身（刮胡子、梳头、使用香体喷雾）		

9 决定：离婚还是渐进式改变

216

续表

B 的成本	A	个人习惯	B	A 的成本
		用完牙膏盖盖子		
		不打断我的电话		
		在我想睡觉的时候不说话了		
		提前结束工作来接我，这样我们可以花一些时间在一起		
		晚饭后再打开电视		
		不打扰我做的事		
		确保我们准时赴约		
		下班到家后过来给我一个拥抱		
		给我十分钟完整的关注		
		给我带来鲜花或用心写的感谢信		
		和我一起上床睡觉		

B 的成本	A	孩子们	B	A 的成本
		和孩子们一起玩耍		
		送他们上学		
		给孩子们讲故事		
		带他们上床		
		教孩子们一些新东西		
		回答孩子们的问题		
		让他们负责做家务		
		在需要的时候管教孩子		

B 的成本	A	孩子们	B	A 的成本
		我出去的时候照看孩子们		
		帮助孩子们穿好衣服		
		给宝宝换尿布		
		给孩子们洗澡		
		安抚哭泣的宝宝		
		晚上起床照顾生病的孩子		
		喂孩子吃饭		
		帮助解决冲突		
		安排一个保姆		
		对孩子们很好		
		在需要的时候鼓励孩子们		
		不轻易退让		
		和我在孩子们面前说的话不矛盾		
		在我和孩子发生冲突时不干涉		
		清理衣物或脏尿布		
		支持我要求孩子们遵守规则		

B 的成本	A	食品和购物	B	A 的成本
		准备一顿美餐		
		购买生活必需品		
		给我做工作午餐		

9 决定：离婚还是渐进式改变

续表

B 的成本	A	食品和购物	B	A 的成本
		早起给我做早餐		
		做我最喜欢的食物		
		做饭或帮我做饭		
		问我是否需要店里的东西		
		准时准备好晚餐		
		为我做点心		
		为家里购物		
		特别为我煮一些东西		
		协商解决特定问题，		
		不评论我的烹饪		
		将牛奶和黄油放回冰箱		
		遵循节食方式		
		洗碗		

列表的使用

你可以从这些列表中推断出两件事。一是选择标记成本为0 或 1 的事项是免费的乐趣（见下文）。如果你想为你的配偶做些事，这些是要考虑的事项。这些都是给伴侣带来快乐和幸福的点点滴滴。二是显示 9 或 10 的项目是可用于商议的项目（见前文）。

另一种有助于改变的工具是饼干罐。双方记录下了十条自己的配偶过去做过的，并且让他们觉得很开心的行为，然后把这些纸条扔进饼干罐。每次你想给你的配偶带来快乐时，你就从饼干罐里拿出一张纸条。这意味着每次你做你配偶喜欢的事情时，似乎都不是被迫的。在你们将纸条放入饼干罐之前，必须讨论每个行为的可行性。耗费太多精力的行为可以用更简单的事情代替。

第三种方法是列出这段关系中的共同乐趣清单。这是关于你们可以一起享受的放松活动的清单。

共同乐趣清单

A		B
	去骑自行车	
	去公路旅行	
	去散步	
	一起看电视	
	去看电影	
	互相朗读	
	和孩子们一起玩	
	玩纸牌游戏	
	进行愉快的交谈	
	去看表演、音乐会、博物馆或博览会	
	拍摄有趣的东西	
	一起祈祷	
	一起做一个项目	

续表

A		B
	和朋友一起过夜	
	出去跳舞	
	去滑冰／冲浪／攀岩／打保龄球等	
	和我们的宠物一起玩	
	聊聊朋友或同事	
	去喝咖啡或吃冰激凌	
	去一家小吃店	
	一起洗个澡	
	一起参加一个会议	
	一起锻炼	
	玩一场枕头大战	
	进行一次思辨对话	
	谈论工作	
	一起听音乐	
	一起烘焙点心	
	一起玩棋盘游戏	
	烛光晚餐	
	为一个特别的节日购物	
	谈论日常琐事	
	一起去看体育赛事	
	一起睡午觉	

A		B
	一起给朋友打电话	
	参加一项团体运动	
	享受喝些小酒	
	一起晒太阳	
	讨论日常事件和新闻	
	去一家高档餐厅	
	看日出／日落	
	参加聚会	
	在院子里一起干活	
	探望亲戚	
	完成家务	
	完成家庭装修	
	重新装修了房子里的一个房间	
	一起完成一个拼图	

你可以问问彼此以下问题。我们曾经一起完成过这些活动吗？如果是这样，这有多少乐趣？我喜欢和我的配偶一起做这些事情吗？如果是这样，我会标出它们。如果你的伴侣也标出了一些活动，而这不是你经常做的事情，那么你可以开始决定参加这些活动的时间和地点。你只需要一个特定的时间和一些重复就可以把它变成一个有趣的新习惯。

9 决定：离婚还是渐进式改变

10 解决婚姻关系中的冲突

两个个性迥异而又关系平等的伴侣如何解决冲突？在本章中，你将找到一些有关如何以明智方式进行争执的有用小技巧。有三种解决冲突的方法：第一种用于一次性快速做决定，第二种用于安排定期发生的某些事件，第三种用于讨论和解决早已存在的烦恼。

争　吵！

争吵是许多夫妻的常见消遣。几乎每个人都熟悉这种形式的交流，但只有少数人知道这些争吵究竟是如何运作的。一场好的争吵或争论的结构是什么？我们看到哪些反复出现的模式？为什么一场争吵会留下糟糕的回忆（比如，"永远都不会变好了，只会一直像以前一样"）而另一场争吵会带来一种释然和轻松的感觉？这些说法是真的吗？俗话说："并肩作战者，方能相伴。"需要在此刻做出妥协吗？夫妻真的要解决所有的矛盾和分歧吗？达成协议比不讨论细节更好吗？谁没有在吵架后感受过夫妻间尴尬的寒意？继续维持表面关系的伴侣之间的那种疏远感和距离感又是怎么回事呢？

我们将介绍一些如何公平争吵的明智小贴士。冲突是不可避免的。两个原本完全陌生的人决定生活在一起，他们有着对彼此来说完全陌生的愿望与欲望。这两个人有着根本的不同 [在我的书《冲突后的爱》（ *Love After Conflict* ）中我详细地讨论了其利弊，Lannoo, 1997] [1]。每个人都有从父母那里继承的不同的婚姻模式吗？他们处理家庭内部矛盾和分歧的方式也不尽相同。

在友谊式婚姻中，解决问题的传统方式不再适用。传统解决方式是，在一段关系中，一个人拥有做出决定的权力（通常在外界看来是丈夫，在家中是妻子）。这种等级模式是从社会等

---

[1]　这是本书作者用荷兰语写的一本书。Vansteenwegen, Alfons: Liefde na verschil（ Tielt: Lannoo，1995 ）。——译者注

级制度中传承而来的。在冲突严重的情况下，丈夫决定接下来
要如何处置，如果不在他的掌控范围内，那就由法律或圣经来
决定。为谁对谁错而斗争是过去解决冲突方式的古老遗迹。在
等级制度下，上层权威一方通常是对的。为所谓的"正确"而
战是历史的一部分。然而，在婚姻中，只有两个人参与解决冲
突。在婚姻中，一个人想要什么，另一个人想要什么，他们的
意见和需求都具有同等价值。如果为"正确"而战已经过时，
那么两个具有同等价值的伴侣将如何解决他们的冲突？这就是
本章的全部内容——两个平等伴侣解决冲突的方法。

破坏性争吵

我们首先应该描述一下造成破坏性争吵的一些要素。争吵通常是在没有准备的情况下发生的，它就那么发生了。它从一个细节开始，像火药一样被点燃并爆炸，愤怒随之而来。当愤怒达到顶点时，就会发生争执。你感到受伤害、恼怒、沮丧，你会不假思索地立即回应。你不会停下来思考这一时间、这一地点是否合适。你走开，可有些人有跟着你从一个房间到另一个房间的坏习惯。除呼吸之外，你没有时间做任何事情，此时双方都紧张得不得了，只有片刻的暂停。借着新发现的能量，你将再次攀上前所未有的恼怒高峰。在此刻，关注点立即转到争吵本身，而不再是关于争吵的主题（内容）。重要的是我们在这一刻是如何相互对抗的（第四章"沟通"的第三部分"内容和关系方面"）及我们争吵的方式。如果一个人准备走开，而另一个人会使出浑身解数，只为可以继续争吵。结束或不结束争吵在这里是一个好话题，一个人想结束争吵而撤退（我们在做什么？这太幼稚了！），而另一个人就是要坚持继续下去，只是因为他的对手想要停止。目的就是要去伤害对方。事实上你们长期近距离生活在一起，助长并强化了这样的恶性循环。

争吵往往是由琐事开始的。这里并不是说日常琐事不是明智争吵的好话题。建设性的争论是以将来做出一些改变为目标的。不明智的主题是那些抽象的原则。房子应该是干净的，这是对还是错？如果你不每天（也许是每周或每月）清理屋子，它会是干净的吗？花园什么时候好看？一个完美的修剪整齐的花园看上去是怎样的，和一个让客人看了不生厌恶的花园相比呢？父亲总是需要一心扑在孩子身上吗？男人需要抽出时间陪伴妻子吗？男人必须关注自己的妻子吗？养育孩子是否需要制定并遵守些规则？男人是否比女人更注重性？这些主题掩盖了这个男人和女人的欲求。对这些抽象问题无论你回答"是"或"不是"，都不重要。

有时，配偶会就一个完全属于他们自己领地的话题展开争论。例如，你希望你的配偶就你父母的事做出决定，因为你觉得自己没有足够的力量来做这个决定。你的配偶是否这样做实际上并不重要，因为这不会影响你自己的意见。你想把荒谬的期望强加给你的伴侣，却从不质疑自己的惯常做法。你没有认真地问："这是谁的问题？是我的问题，是他们的问题，还是我们之间的问题？我可以自己解决这个问题吗？我可以放松一下自己，增强我的自信心吗？"

众所周知，在冲突期间，每个伴侣都会试图将责任推给对方。我的好行为是我的，我的坏行为是由于我的伴侣的行为所致。我伴侣的良好行为也归功于我，而他表现出的不良行为是其个性的一部分。

如果我们能在这里停一会儿……试着想象你的伴侣的观点，我们应该问自己的一个问题是："和我一起生活会是什么感觉？"如果你能这样多问自己几次，就说明你有想要改变的迹象。这个问题往往很有力量，实际上它挽救了许多婚姻关系。

　　有时，伴侣会努力反对配偶对他们的印象。"你认为我是这样或那样的，但我不是!"你越是努力试图证明你不是那种人，你的配偶就越相信你是这样的，你就这样稳固了对方的怀疑。甚至双方争吵的方法也常常是低效的。它迅速升级。你咬牙切齿，只是为了引起对方的注意；或者你要求的比你想要的要少，你只是为了能够得到一些回应。争吵的升级随之而来。你说出的不是你想说的话。通常，你们往往还没有意识到自己究竟想要什么之前就对对方做出回应。你愤怒地做出反应，使用一些愚蠢的论点，而这些论点并不是你内心真正的想法。你开始提出不可能的要求。你们互相争论，没有花一点时间去想一下你的对手是否同意你的看法。有时你会谨慎行事，会做出让步，但很清楚你不会遵守自己刚刚做出的承诺。你们向对方提出不现实的要求，对彼此做出不可能兑现的承诺。

　　你们争吵的进度快得吓人。你滔滔不绝地说，都没停下来喘口气。即使你停顿片刻，那也是为了积蓄力量继续争吵，而不是花点时间思考究竟出了什么问题及你究竟想从中得到什么。

　　真正争吵的意图是破坏性的。"我会抓到你的。你会为此付出代价! 你会后悔的。这次我不会让你轻易脱身的。这一次，我会把你伤得让你永生难忘。在爱情和战争中一切都是公平的，我要把你打倒! 我要让你陷入困境。我要往你伤口上撒盐。你斗不过我的。我知道你讨厌这个。我占了上风。你看，我是老大，我是对的! 我会让你跪下。我会再一次并永远让你知道谁是老大！"关键是赢，为此不惜赴汤蹈火，看看究竟谁占上风。

像这样争吵，结果通常都很糟糕。什么决定也没做成。挑衅的情况根本没有改变。冲突最终会卷土重来。你错误地将自己的意愿与双方的协议混淆了。有些人通过说以后再讨论这个问题来结束争吵，而这引发了一系列重复的争吵，每次都是同一个故事。对此有一个简短的规则：如果你不能遵守规则，那么就是规则没有制定好。要么你付出太多，要么你得到太少，这些都不会持久。

我们也可以讨论人们争吵的动机。有时人们会使用论据。你可以总结出合理的论点，但这实际上并不能说明这个话题有多重要。如果我有四个论据支持这件事而你有七个反对的论据，那么我们可以决定什么？如果我能反驳你的每一个论点，我就能证明我是对的吗？如果我可以陈述一个事实来反对你的论据，你将如何反驳？如果我比你更通情达理、更理性、更聪明呢？我可以举一个比你更好的例子。如果我知道你的弱点而且在你不知情的情况下骗你，会怎么样？你会反击吗？……以至于我们的关系结束？你会感到苦涩和失望吗？

这些只是对破坏性争吵的一些保守陈述。但还有比这更糟糕的方式。假装、伪装、让步，这些态度一点一点地对一段关系造成的破坏性比爆发性争吵要大得多。绕开冲突比直接争吵更具破坏性。它会引起敌意、恨意或情感疏远。

婚姻中的智慧

这是到目前为止我们所描绘的破坏性争吵的草图。这是一种情绪宣泄的仪式，在冲突解决前不会改变任何事情。双方都感到冷酷和苦涩，都会缩回自己的壳里，随之而来的是疏离和陌生感。这种情况像是在战场上留下许多地雷，很快就会无缘无故地爆炸。

这些原因都表明你们应该尽可能避免争吵。约翰·格雷（1992）[①] 说："讨论利弊，但不要争吵。面对它，但不要争斗。最好的办法是扼杀这场争吵。"你应该在感觉到争吵的苗头时就立即尝试阻止它。只要你主动参与其中，就几乎不可能阻止它。最好的办法是给出一个信号。如果任何一方显示这个信号，请各自退让十分钟，以了解到底发生了什么。冷静十分钟后，可以再次面对面地带着尊重讨论这个问题。结束争吵的一种方法是说"对不起"或"原谅我"。另一种方法是应用某种规则。例如，有人可以说："我们又来这套了，我们不要这样做。"举起手立马走开。如果有必要，就到另一个房间，或在街区周围走走，从而冷静一下，承诺彼此在 24 小时内在另一个场合再讨论这个话题。

---

① 这是引自约翰·格雷所著的畅销书《男人来自火星，女人来自金星》，参见 John Grey，*Mens are from Mars, women are from Venus*（New York: HarperCollins，1992）。——译者注

为什么要协商？

为什么要在婚姻中协商？协商是一种开放的方式。我们之前已经看到开放的方法比隐蔽的操作更好，因为后者会引发欺骗和敌意。

婚姻，就像所有共同生活的形式一样，是一种协议，是协商的结果。有时这会在没有意识到的状态下发生。威廉和莎拉结婚十年，育有两个孩子。他们在订婚期间甚至在整个婚姻期间，从未讨论过他们是否想要孩子或想要几个孩子，甚至从未考虑过要讨论这个问题。

每个人在进入婚姻时，心里都会有一份期望（义务）清单，他们需要实现这些期望，并且相信他们会从配偶那里得到什么回报（他们的权利）。在良好的关系中，双方在结婚前会讨论这些问题。如果不提前提及这些重要因素，你将在未来几年遇到许多"惊喜"。而且，一方配偶会认为自己对婚姻里关于付出和回报的期望与伴侣的期望完全相符，结果可能只是一种错觉。

二十多年来，海伦娜一直在星期六晚上为帕特里克选配衣服：西装、衬衫、领带和袜子。她认为作为一个体贴的妻子，照顾丈夫是她的义务之一。她也相信作为回报她会得到她所向往的感情。直到有一天争吵时，他回击她："这么多年，你一直把我当孩子一样管！你不觉得我有能力挑选自己的衬衫和领带吗?! 即使我穿好衣服，你仍然试图表现得像我妈，我又不是小孩子!"

十五年来，德里克每周六早上都会把早餐送到艾莎的床头。他们从来没有讨论过这个问题。艾莎感激丈夫的用心，但有时她讨厌自己得在床上吃饭这件事，她根本不喜欢这样。当他们最终讨论这件事时，结果是德里克一直想让艾莎把早餐给他送到床头，但他从未向她提起过，她完全不知道。

多年来，每当你们进入生活的新阶段并经历过渡期时，你们都会学会调整你们的基本协议。每次都需要讨论和协商。当配偶们决定要改善他们的关系时，他们将使用这些谈判技巧来决定每个人会在变化中扮演什么角色。两个具有同等价值的人进行协商是一项重要的技能。如果你们想生活在一起，协商是关键。然而，反之亦然：真正的协商只有在关系还有未来的情况下才有用，才是可能的。

两个基本错误

在配偶间的协商中，我们发现经常存在两个基本错误：第一个错误是在协商开始时，第二个错误是你如何结束它。

在协商开始时，可能会犯的错误是你们假装想要的东西一样。一个配偶说他想要井井有条的生活，另一方说自己想要的也是井井有条的生活。如果他们都想要同样的东西，那有什么问题呢？一位配偶喜欢将报纸堆放在储藏室旁边，其伴侣也同意，认为那是个放报纸的好地方。那为什么没有这样放呢？只有当你们清楚而直接地提出反对意见时，你们才能解决冲突。"我喜欢报纸一读完就堆起来"，而不是"我不介意它们被放在伸手可及的地方，除非我肯定不会再读它们了"。

在协商结束时犯的错误是做出超出你所能兑现的承诺。你承诺了一些东西，但你无法兑现你的承诺。你的伴侣会对你失去信心和信任。"这不是当初说好的！"或者更糟的是，双方都在安排和制定基本规则上失去了对彼此的信任。他们得出的结论是："我们试过了，但对我们没用。"

停止冲突与解决冲突的区别

在我们开始讨论解决冲突之前，我们需要清楚地区分发泄和发怒，以及解决问题和解决冲突。

如果一方非常愤怒，那么另一方就必须认识到这一点。此时不应试图讨论严肃和理性的问题，因为这只会火上浇油。另一方配偶只能做一件事：给伴侣一个完全发泄出来的机会。

丹尼斯发怒了。当丹尼斯怒火中烧时，瑟琳娜必须学会如何应对，而不是立即做出回应。如有必要，瑟琳娜甚至可以先离开，或者专心聆听。她应该尽量减少自己的反应。丹尼斯会试图惹火她。瑟琳娜要避免生丹尼斯的气。瑟琳娜不应对从丹尼斯嘴里蹦出的气话赋予不必要的诠释，她此时也不应该扮演治疗师。在这种情况下，尽可能保持中立总是最好的。无论原始尖叫治疗师和情绪释放专家怎么说，这些愤怒的爆发都不会导致任何的问题解决。这些爆发是释放强烈愤怒的时刻，它们很少给关系或当下情境增添任何东西。你能做的最好的事情，就是把它们看作某种迹象，说明这事急需在另一个方便的时间，等愤怒过去时，再去讨论。愤怒通常是无能为力的表现，而不是许多人以为的强势。如果双方都能认识到作为问题的暴怒和需要去解决冲突的情形之间的差异，那它也会影响每个人的行为。"如果我想解决与我配偶间的矛盾，我应该等到我对他们不再愤怒时再说！当我们都能以理性的方式讨论问题时，我们会解决更多问题。"

冲突类型

释放或发一通火有时是必要的，但在问题解决前，它不会改变任何事情。人们对特定问题的观点可能会因发一通火而改变，这在某些情况下可能是正面的。真正的冲突解决意味着你实际上改变了情况本身。解决冲突的方法有很多种，我们在此仅提供三种作为参考。

1. 一次性快速决定

一对夫妇需要做出一个紧急的决定。他们不会立即就决定达成一致，因为他们想要的东西不同。帕斯卡和朱迪丝决定看场电影。朱迪丝想看阿伦·雷乃的《莫里埃尔》。朱迪丝喜欢雷乃的所有电影，她喜欢有时间意识的电影主题，她喜欢看大片。帕斯卡更愿意看山姆·佩金帕的《日落黄沙》，帕斯卡喜欢西部片，他喜欢佩金帕反复使用的主题——失败者的荣耀，他喜欢以唯美的电影镜头表现强烈情感的动作片。他怕《莫里埃尔》太忧郁了，而朱迪丝怕《日落黄沙》太暴力。他们前往音像店，得要立马决定一起选哪部电影。

2. 解决经常发生的纠纷

一方或双方发现在他们的关系中有必须解决的问题。

帕斯卡和朱迪丝对他们从不一起享受周末感到不开心。他们永远无法就双方都喜欢做的事情达成一致。由于不确切知道自己想要什么，他们不会提前安排任何事情，就让周末要做的事情自然而然地发生。这种"自然而然"最后也让他们俩都失望了。朱迪丝认为他们没有为彼此留出足够的时间。她想和他一起在镇上度过一个晚上。 帕斯卡经常工作到很晚，下班后他也经常去健身房。他们应该坐下来一起制订计划。

3. 讨论和解决早已存在的恼怒情绪

这种冲突解决方式关注的是对配偶行为的恼怒情绪。这种恼怒由来已久，并且随着时间的推移变得更糟。除了讨论实际安排外，还需要就此主题进行深入的情感交流。这对夫妇需要坐下来好好谈谈他们的价值观、情感和期望，这对他们会有好处。

自从他们结婚以来，丽兹一直很恼火，因为格雷格一直在床上赖着，直到最后一刻才在早餐时出现，并且只是站在水槽边喝杯咖啡。为了真正说服格雷格，丽兹应该借此机会向格雷格解释一起享用早餐对她来说意味着什么。她可以解释当他急匆匆出门时她的感受，以及如果他能花一点时间和她在一起，她会有多开心。轮到格雷格说时他可以告诉她，在起床前静静躺几分钟有多么美妙。他清醒过来需要时间，早上她不会在他那有多少收获，因为他从来没有清醒到足以好好地对话。他不是一个喜欢早起的人，她至少要等到中午才能享受和他打交道（很明显，前两种冲突的解决可以用这样的讨论方式）。

创建一个烦恼清单，就像快乐一样，可以帮助减少那些会引起最大恼怒的行为。 使用从1到10的等级，我们可以分析这些不快的强度。

恼怒清单

A	伴侣	B
8	下班回家很晚	
	忘记支付账单	3
9	把客厅弄得一团糟	2
8	吃完饭就离开餐桌	
	袜子到处乱扔	
7	在我说话时打断我	
	从不拥抱我	9

A	伴侣	B
	看太多电视	
	不常跟我说话	
	从不拥抱我	
	对客人不友好	
	很少和我出去	
	从不主动有亲密行为	
	在我之前／之后睡觉	
	晚饭后不继续坐一会	
	回家太晚	
	穿着破旧的衣服	
	购买多余的物品	
	不做家务	

续表

A	伴侣	B
	花费超过我们的预算	
	忘记支付账单	
	评论我的驾驶技术	
	浴室里的东西乱放	
	把他的衣服扔在地板上而不是放在洗衣篮里	
	把厨房弄得一团糟	
	对孩子大吼大叫	
	在孩子们面前反对我	
	煮焦晚餐	
	忘记购物	
	饭做好后不吃	
	不倒垃圾	
	忘记割草	
	我说话时不听	
	经常打断我说话	
	当我躲进避风港时，也不让我一个人待一会	
	不爱护自己的衣服	
	不和我一起去购物	
	把收音机声音开得太大	
	不和我玩棋盘游戏	
	从不组织户外活动	

10   解决婚姻关系中的冲突

A	伴侣	B
	邋遢	
	过于井井有条	
	不经常打扫卫生	

解决冲突的方式

不同类型的冲突有不同的解决方式。具体看来，我们可以为每种解决方式添加重要因素和详细的说明。

方式 1：快速决策

此方式包含三个步骤。你看看每个伴侣想要什么，然后寻找两者的解决方案。

1. 约翰陈述了他想做什么，与凯伦想要什么无关。

2. 凯伦陈述她想做什么，不管约翰说什么。

3. 他们依约翰或者凯伦想要的做决定。他们也可以达成妥协，就比如他们这次选约翰想要的，下次选凯伦想要的。他们还可以找到一个新的选择。做出这些决定通常只需要几分钟。

方式 2：有组织的商务协商

此方式有七个步骤。我们将描述每个伴侣需要做些什么。

1. 约翰和凯伦分别就某个主题列出了他们的期望清单。

2. 他们一起讨论。约翰告诉凯伦他想要什么，凯伦重复他说的话，并写下她从中理解到的。然后约翰要做同样的事情。

3. 约翰和凯伦花时间思考如果他们得到了他们想要的，那他们愿意放弃什么。

4. 约翰和凯伦分享他们愿意放弃的东西，并重复他们从对方所说的话中所理解的信息。

5. 约翰和凯伦创造了一种给予和接受相互平衡的局面。

6. 他们告诉对方自己的计划。

7. 他们达成协议并写下所有细节。

商务协商

	A	B
1. 个人	为他们的伴侣列出具体问题	为他们的伴侣列出具体问题
2. 一起	阅读他们的清单，倾听并记下对方所说的话	阅读他们的清单，倾听并记下对方所说的话
3. 个人	如果我得到了清单上的所有东西，我会给你什么	如果我得到了清单上的所有东西，我会给你什么
4. 一起	倾听、记笔记、提出建议	倾听、记笔记、提出建议
5. 个人	如果我得到"这个"，我会给你"那个"	如果我得到"这个"，我会给你"那个"
6. 一起	阅读建议，聆听并提出新建议	阅读建议，聆听并提出新建议
7. 一起	夫妻一起坐下来，提出一种两人都既有给予也有接受的情况，并将之实现。两人一起将所达成的协议写下来	

    这种冲突解决方式需要半小时到四十五分钟。我们称之为商务协商。这可能需要约翰和凯伦为周末想做的事情制定自己的时间表。然后他们会聚在一起，将两个时间表拼凑成一个时间表，在那里可以调整更改一些项目，这样双方就都能得到他们想要的，当然也必须付出一点。下面是详细的周末活动计划，他们都很高兴能得到他们想要的。

    凯伦想要：

    – 每周六从两点到四点购物，而约翰则照看孩子们。

    – 每周六早上一起吃早餐。

婚姻中的智慧

－每月两次在周日下午拜访父母。

－每周五或周六晚上一起出去，轮流决定他们将做什么（戏剧、电影、歌剧、冰球比赛……）。

－约翰在周末准备一顿热腾腾的饭菜，之后他会打扫厨房、洗碗。

－约翰在周末至少完成两个小时的她写下来的家务活。

约翰想要：

－周六从下午3点到6点踢足球，凯伦看孩子。

－周六早上至少睡到上午11点，凯伦照顾孩子。

－在每月的某一个周日去拜访父母一次，轮流拜访各自父母。

－每两周一次，周五晚上8点后一个人出去。

－凯伦和他一起度过周日晚上，不看电视，这样他们有时间聊天。

两人都提出了自己的时间表，然后一起制定了一个新的时间表，让双方都觉得商讨结束了。

－约翰每两周在星期五晚上8点之后独自出去一次，并在一点之前回家。

－约翰睡到周六上午10点半，而凯伦带孩子并保持安静。

－凯伦周六逛街，约翰上午11点至下午2点照看孩子。

－约翰从下午3点到6点踢足球，凯伦看着孩子们。

－周六晚上他们一起出去（共进晚餐，看电影，看芭蕾舞演出）。他们轮流决定去哪里。凯伦负责约好保姆。

– 每月的一个星期天，他们从中午到下午 6 点拜访一方父母。

– 每两周，约翰在星期天晚上做饭，凯伦会帮忙洗碗。

– 每个周末，约翰至少会帮忙做两小时家务。凯伦会写下她需要帮助的地方。

（整个谈判大约花了一个半小时，因为他们需要更详细地讨论一些话题）。

在下面这个例子中，凯伦本来可以让约翰在周五晚上待在家里，约翰本来也可以解释，这是非常重要的夜间训练，他们可以商议在这周的其他时间共度一个夜晚。

凯伦想要：

– 周五晚上一起待在家里，打开壁炉，关掉电视，依偎在一起，享受彼此的陪伴。

约翰想要：

– 周五晚上去训练，然后留下来和朋友一起喝一杯。

两人都决定采用以下方案：周五晚上，约翰会出去训练，不会在外面待得太晚。周六他将留在家中，与凯伦在一起。他会确保壁炉的火是点着的，他们可以在沙发上一起喝美酒，不受任何干扰，听些轻松的音乐。他们会早点上床睡觉，以留出一些时间来增强亲密感。

方式 3：说出来（亲密协商）

此方式也包括七个步骤。在这种方式中，约翰在前两个步骤中有发言权，凯伦在接下来的两个步骤中有发言权。接下来的三步被进一步划分。如果你想在家中尝试一下，这个结构可被视作一个例子。

1. 其中一位伴侣（在本例中为约翰）准备了他们的方案，方案中要体现出他们想要什么，以及这些事情中所附着的情感。

2. 约翰向凯伦解释了他对某种情况的感受。凯伦用她自己的话重复一遍，直到约翰觉得她明白了。这时，约翰才接着用一句话来向凯伦解释，他希望看到情况发生什么变化。

3. 凯伦花时间来表达她对同样情况的感受，不管约翰有什么观点。

4. 凯伦花时间向约翰解释她对这种情况的感受。约翰用他自己的话向凯伦重复这件事，直到凯伦觉得约翰明白她在说什么。然后凯伦告诉约翰她想如何改变这种情况。约翰向她重复一遍。

5. 约翰和凯伦用他们自己的语言组织了各自的提议，且只用一句话。

6. 约翰和凯伦交换提议，各自用自己的话重复对方的要求。

7. 双方继续在一起修改提议，直到他们达成双方都满意的谈判（可以是列清单，或者用到频率分配、平均值，甚至是站在对方的立场上）。他们写下达成一致的这些新规则，然后慢慢消化。整个过程需要一个多小时。我们称之为亲密协商。

亲密协商

	A	B
1	准备：是什么惹恼了我？这让我有什么感受？我想要实现什么？	—
2	命题： "我想讨论……" "我觉得……" "我要你……"	聆听并重复："你想谈论……" 用你自己的话重复一遍并要求验证："所以你的意思是……如果我理解正确的话，你是在说……" 重复 A 的要求："所以你想让我……"
3	—	准备 B：对这个提议我感觉如何
4	聆听并用你自己的话重复所有内容："你的意思是…… 如果我理解正确，你是在说…… 重复 B 的要求"你想让我……"	"我觉得……" "我希望你……"
5	提出一个建议 重复 B 的建议 提出自己的新建议 重复 B 的新建议	重复 A 的建议 提出自己的建议 重复 A 的新建议 形成新建议
6	双方提出一个具体的建议并将其全部写下来：谁做什么、在哪里、多久一次、以何种方式	

注：基本规则：
- 可以在不考虑对方的情况下完成第 1 步到第 4 步。
- 在第 5 步中，不要急于让步。

亲密协商也是呈现潜在的感受。为了更好地说明这一点，以下是德里克和莉迪亚之间关于煮肉的协商摘录。

德里克、莉迪亚和肉。 德里克说："你把肉煮这么短时间的话，它的味道就不对了。味道不对的食物让我很恼火。看着你毁了一顿美餐，我感到无能为力。我觉得自己被晾在一边。我觉得我不得不接受你给我的东西，要么接受要么走人。我觉得你不够关心我。我希望我对你来说是重要的。当你考虑到我时，我感觉很好。我怕我不吃这肉，你会生我的气。我怕我们会因此吵起来。"

莉迪亚然后分享了她这边的想法："当我做饭时，我不喜欢你评论我的厨艺。我做饭时，我就是在做饭。当我看到你对食物如此不满意时，我感到不安。当你开始评论我的厨艺时，我觉得我什么都做不好。我觉得做饭是我的事情。这让我有一种自信的感觉，我是有能力的。这让我觉得自己是家里的女主人。可当你开始告诉我如何做事时，我感觉自己像个女仆。当我们能够坐下来和孩子们一起吃饭时，我感觉很好。我很自豪我能够为大家做晚餐。我觉得我是有价值的。我其实并不喜欢做饭，但觉得这是我作为女人应该做的事情。我感到被迫要做饭，就像我别无选择成为家庭主妇一样。"

在这两个案例中，我们都强调了在这次亲密协商的第一阶段所表达的情绪。你可以在我为治疗师撰写的书中——《帮助解决关系问题——实用指南》[①]，了解有关冲突解决方式的更多详细信息。

① 参见 Alfrons Vansteenwegen, *Helping in Relational Issues, a Practical Guide*（Houten: Bohn Stafleu Van Loghum，2006）。

在建设性冲突解决中发挥作用的因素

两种不同观点的清晰阐述

可能没有比这更重要的因素了。首先，我们需要明确区分所陈述的对立观点。它们越隶属于同一问题，就越有利于冲突解决。一方或双方的立场不明确让人更难以找到解决方案。善意的含糊不清（避免伤害伴侣）在寻求解决方案时可能是致命的。在这种情况下，委婉有礼很少会有帮助。你开始给出相互矛盾的信息（"我想要那个……但我不敢要"）。为了避免这种情况发生，人们需要接受伴侣可以有不同意见，没有所谓的谁是对的。为此，首先要确定你想实现的目标。这也有两个步骤:(1)如果我可以决定一切，我的理想状态（几乎不可能实现的愿望）是什么，以及（2）在现实中，我想获得什么。

只有当你不考虑对方的需要、需求或欲望时，才有可能列出这样的清单。你只是在描述你自己想要什么。你不要求更多或更少，只是你想要完成的事情。

有利的观点

如果不付出必要的时间，你就无法解决冲突。真正解决冲突需要时间，你无法回避这一点。你可以腾出时间，计划一个可以聚在一起解决手头问题的时间段。有时这会让人们误会:预约时间来解决冲突？这些事情不能自然发生吗？每个人都知道，如果没有预约时间来解决关系中的这些问题，你们很少有时间去讨论这些话题。这需要双方达成一致。我们的经验表明，最好在一个特定的时间段安排这些讨论。"明天，晚饭后，我们一边收拾桌子一边讨论这个问题。"

个人准备。约翰和凯伦，尤其是提出这个话题的人花时间阐述他们关于这个话题的立场。谈论发起者的重要任务是定义当下的问题。"这是谁的问题？是我的问题还是关系本身的问题？"

此时，约翰必须做一些事。他坐下来开始思考：到底是什么让我烦恼？我可以通过改变自己的行为来改变恼人的情况吗？我会为此付出什么？约翰可以尝试弱化一些他对计划安排的痴迷，而不是为凯伦设定荒谬的标准。"也许我该学着不要对某些情况感到那么激动。我会尽量让自己远离这些让我太激动的情况。我应该试着从她的角度看问题。我真的需要对这种有序性如此着迷吗？每次提到这个令人恼火的话题时，我感觉如何？"

若最后约翰对这种状况仍感觉不舒服，他就得准备下问凯伦的问题。约翰究竟想要实现什么？他希望凯伦如何改变她的行为？为了从凯伦那里得到他想要的，他愿意改变什么？如果这之后就这情形约翰仍有一些未解决的问题，那么他必须留出时间与凯伦进一步讨论。

举个例子，约翰不必问凯伦他周六早上是否可以去购物，除非这会影响到凯伦，如需要她去照顾孩子。当涉及第三方时，决定好如何与配偶讨论冲突也很重要。这里的规则是：只与相关的人讨论冲突。如果父子之间存在冲突，那讨论就应该在他们之间进行。如果妻子对丈夫对待儿子的做法有意见，那么她应该和丈夫商量，儿子不需要在场。

要求还是请求？ 我们还必须清楚地说明要求和请求之间的区别吗？如果约翰向凯伦提出请求，他也应该准备好接受"不"作为回答。他可能还会提出一些替代方案。请求是有限的和相对的。而要求是激进的："我必须拥有这个，至于我如何才能得到它，这并不重要。"一个孩子似乎有着无尽的愿望和欲望及对无止境的生命的幻觉，这是一种典型的要求。孩子很少区分请求和要求。请求中有讨论的空间。

有利的空间

如果两个人决定要好好谈谈，他们应该找一个不受干扰的地方。把电视机关了，把报纸挪开，确保孩子们都忙着，等等。换句话说，腾出空间来解决你的冲突。在整个协商过程中总待在一起并不是最好的。有时甚至需要在协商过程的每一步之后离开一阵。这样你就可以重新专注于你想要达成的目标。为了达到你的目标，你愿意放弃或改变什么？

有利的主题

我们在讨论准备阶段时已经提到了这一点：主题或话题必须是双方关系中发生的冲突，是伴侣之间的事。一个人会要求对方做出他能或不能做到的行为改变。

讨论的话题也应该是将来会发生的事情，最好是经常发生的事情，这样就可以在将来这类情况下去实施冲突解决方案。

此外，这个话题至少对他们中的一个人来说是重要的，不一定对双方都重要，因为如果它对一个人很重要，那么它对关系改善的进程也很重要。

一次解决多个问题是否明智？有两种不同的方式可以达成协商。遵循这些准则的人最好从每次处理一个冲突主题开始，从处理关系中的一个细节开始。在第二阶段，你可以尝试多个主题。我们建议的两种不同类型的协商各有优势。商务协商的优势在于，你可以同时讨论多个话题，而不必担心关系本身的状况。亲密协商的目的更多在于增加对你伴侣立场的理解和欣赏，并且只关注你伴侣选择的一个话题。

当我们谈论一个有利的话题时，显然我们不是在讨论模糊不清的主题。"你的懒惰让我恼火，我希望你更主动些。"这样的陈述让你们很难继续讨论如何改进。你应该试着专注于一个特定的时刻，一件让你烦心的具体事情。对伴侣懒惰的愤怒在什么时候达到顶峰？什么情况最让你有这种感觉？这个话题是关于对方在特定场合、特定时间的特定行为。针对这个行为你要求一个具体的变化。事后，你可以感知到并可以去衡量这个变化。

正确的方法

这是事情的核心。你需要采取哪些步骤来解决冲突？我们必须经历哪些阶段？你们轮流发言分享自己的意见。轮到你时，你可以一次分享一个想法。在第一轮中，A 说话，B 听。在第二轮中，B说话，A听。第一回合属于A，第二回合属于B。在一个回合中，只有一个人有发言权。第一个人解释当下状况及冲突的根源是什么，而另一个人倾听并将问题重复说给发言的一方听，以确保自己明白对方所说的了。

你慢慢地，一步一步地去处理。向对方重复其所说过的话，并不是像鹦鹉学舌似的一字不差地重复一遍，而是用你自己的语言去重现你的伴侣所说的话，以表明你真正理解对方想要传达的信息。这并不意味着你必须同意他们，而是从他们的角度看待事情。在亲密协商中，必须说两件事：你认为重要的和你想要的。

你们谈话的主题并不是要通过争论来证明你是对的。这关系到你对你的立场的重视程度。做到这一点的最佳方法是在谈到你觉得重要的事情时，把其中涉及的自己的感受和情感都表达出来。经验表明，这绝不是一件容易的事。关于要问什么类型的问题，这里可以给你一些提示。当情况发生时我有什么感觉（生气、烦躁、失望、苦涩、厌恶）？如果情况如我所愿，我会有什么感觉（高兴、满意、放心）？当情况发生时，我对你的感觉如何（生气，不知所措，觉得不如你，像女仆、弱者、奴隶、坏老师）？

要知道，当谈到你的感受时，试着将信息传达给你的配偶并不容易。无论采用什么方式，对与错的争论，或使用理性的论点来说服你的伴侣，这些从来都没有被证明是有效的。它等于是捅开了一个马蜂窝。当夫妻双方开始平等地开始对话，并知道他们的意见具有同等价值时，他们会从这样的对话中受益更多。这场协商将持续多久？它会一直持续到首先有一方认为他们的伴侣真的了解了当下状况，了解了从讲述人的角度来看到底是什么问题。你想要什么，用一句话具体、准确地概括。这应该在协商的开始阶段就已经准备好了。在讨论过程中也可以有一段时间，你可能需要一些时间来重新确定你所追求的是什么。

良好的沟通

在一场好的协商中，自然也有良好沟通的规则。你从自己的经验出发来说事，从"我"的视角来说，不要试图读懂对方的想法。在试图传达你的信息时不要太谨慎，要紧扣主题，学会倾听。在这种类型的协商中还应该讨论一些其他的规则。

询问什么是可能的，而不是问什么是不可能的。你需要确保你的要求可以被满足。要求某些情感或意见的改变是不可行的。你的伴侣会有他们的感受，可他们不是这些感受的掌控者，别人不能要求他们有什么感受。最好的办法是要求改变具体的行为。

学会接受"不"。带着一个真正的问题，你会意识到谁是这一问题的主导者。你还没有得到你所要求的，它依旧只是一个请求。即便你没有得到你要的，你并没有比开始时失去更多。

只承诺你能给予的。由于承诺超出了你的能力，协商失败

婚姻中的智慧

了。当你的伴侣意识到你没有履行自己的职责时，他们不仅会失去对你的信任，还会对你们所做的商讨失去信任。

一个男人非常重视他在一家美国公司的职业生涯。他日夜工作，经常出差。他的妻子对他经常不在家感到失望。有一天在协商快结束时，他妻子说："我不希望你总是在加班。我想要你晚上和周末待在家。我希望你每天下午 6 点前回家，就像其他正常人一样。"男人听到妻子的请求，冲动地回应道："好，我听你的，我会的，从现在开始，我会像其他正常人一样回家。"然而，情况实际上没有任何改变。在这种情况下，如果这位丈夫同意的是在周五准时回家来与妻子共度时光，那就会现实得多。这会是一个好的开始。所以这里的规则是：不要太快让步。想想你在提供什么以及你能提供什么。不要仅仅为了结束讨论而同意一些你办不到的不合理约定。只有你也从这个新情形中受益，你才应该同意这项和解。

测试自己是否理解对方所说的内容。 在协商期间，确保你理解对方所说的内容非常重要。有两种方法可以做到这一点。在商务协商中，你不增不减地重复对方所说的，换一个人称代词。"我希望你回家后把鞋子收好。鞋子脱下来，放在柜子里。""你要我每天脱鞋的时候，把鞋放好。"

在情感交流中，你可以转述对方所说的话。转述是用你自己的话重复对方所说的。这样做是为了验证你是否理解对方试图传达的信息。重述或转述应该以一个问句结束。"你半夜还没到家，我怕你出什么事了。""所以如果我没理解错的话，你以为我出事了，因为我半夜还没到家，是这样吗？"转述可以让你体验对方正在产生的情绪，变得有同理心。去感受你的伴侣在如何体验这种情况，这不同于你去同意这个情况。同感与同意完全不同，是两件完全不同的事情。

赞同或改进重复或复述的信息。开启当下话题带出某个状况的一方有责任确保他们给出的信息被很好地接收了。通过仔细聆听伴侣的转述，可以确定对方是否理解了自己所说的。一旦对方开始说话，开始有理解的感觉了，你就要以某种方式告知他们你是否觉得他们已经理解了你所表达的意思。如果你觉得对方理解得不对，你就应该尝试以不同的方式再去解释，以引导对方朝着正确的方向走。有时候这是很容易办到的，但要让对方意识到你正在经历的情绪并不总是那么简单。这是一件非常主观的事情。

结束

你应该如何结束冲突解决？你把你们一起做出的安排落实在一个具体而简洁的计划中。通常，最好将这种新安排写下来，以便将来使用。这可以避免未来因商定的内容（如谁做什么，在哪里做，如何做以及做的频率）发生争论。

你们可以通过几种不同的方式达成协议。你们可以彼此妥协，你们可以在各自想要的频率中取中位数，或者可以列个清单，根据不同的情形来决定不同的频率。"一个周末我们会做你想做的，另一个周末我来决定我们做什么。"你们也可以在两人间分配任务。"你做这个，我做那个。"或者你们可以就各种条款和条件达成一致："如果你这样做，就意味着1、2、3和4。"

达成协议也可以是接受一方提案。一个好的协议到明天还是会有效的，完全没有必要立马做出所有改变。人们必须对变化感到舒服，这可能意味着变化是逐渐发生的，直到你们达到那个向往的状态。

如果一个伴侣"赢得"了谈判，那么这种关系就会受到负面影响。协商与输赢无关，而是要找到一个让双方都满意的中间结果。这是非常主观的，需要反复协商。

不好的协议

协议有好有不好。不好的协议是指那些过于笼统的协议。"我们会对彼此很好。我会在家里帮助你。"它们也可以是没有时间限制的协议："从今往后，我会对你很好。我会一直给你足够的关注。我不会再和你争吵的。"糟糕的协议的一个例子是，每当类似的情形发生时，伴侣双方就反复地试图制定新协议。而每次回到相同的情况只会引起进一步分歧。不能遵守的协议就不是好的协议。在关系中与伴侣达成共识有多重要？协议具有调解功能。如果你让一切顺其自然，有时会非常愉快。然而，随着时间的推移，混乱会成为主导。一方可能会开始产生与伴侣完全对立的感觉。这时困难就会显现出来。在良好的谈判中，A 和 B 都能够陈述各自的立场、意见和感受。这是在亲密关系中达成微妙平衡的时刻。

伴侣们也需要通过协议来在关系中形成新的、自发的习惯。一段亲密关系中的自发性就来自经常练习新行为，直至它变成习惯。在协议稳定到可以独立运行之前，它们是你可依赖的支撑。一个好的协议每次去使用它都会带来动力，直到它变得自发起来。以下是一对夫妇借着良好的协商和积极的协议而养成新习惯的例子。

彼得擦桌子。 晚餐后彼得从不收拾桌子，因为在他成长的过程中这些一直是由其母亲在做。争执往往因此而起，因为让安妮感到恼火的是，除了她的兼职工作，她在家里已经有够多的事要做了。当她开始清理桌子时，彼得会一直坐在桌子旁，这让她心烦。两人稍做商量后，彼得同意在家里多帮忙。他们说好由彼得负责清理桌子，需要做的事包括：把所有的盘子拿进厨房并放进洗碗机，把食物收起来，把桌子擦干净，清理好地面、清理好厨房的台面和炉灶，把餐具收放好，需要的话刷下锅，把垃圾拿出去。彼得花了一年多的时间才最终掌握了这项任务，并"自发地"开始做这些事情。一开始，安妮习惯当丈夫没有按照他们的约定完成任务时，就接手。彼得觉得这很烦人，因为他觉得自己没有机会证明自己可以做好。有时她会提醒他还需要做什么，对此他表示感谢。他还更喜欢当他完成任务时，安妮对他表示赞

赏。现在他开始自发地收拾桌子，这已经成为一种新习惯。有时他会在周末等到吃完下一餐后再收拾桌子，但也已很不习惯这么做了。

婚姻中生活在一起其实不过是各种小协议的叠加。不达成协议意味着你们想让运气接管你们的关系。也许它会有作用，也许不会。这意味着你们没有参与到让这段关系好起来的努力中。这种"自发的"关系不是成熟的关系。它纯粹是基于感觉而不是需求（当关系基于基本规则和协议时，它可以"自发"发生）。

正确的节奏

在看了许多不同的例子后，我们发现达成所需的协议需要一个冷静的过程。冷静，这儿的意思是不要急于分享你的想法，不要反应太快，不要在花时间考虑当下状况和解释清楚双方打算从这次协商中获得什么之前，就仓促下结论并同意任何提议。这不是要让对方接受的一次性交易。

花时间去一次完成一个谈判阶段很重要，这样可以带着正确的心态进入下一个阶段。每个阶段结束后要稍做休息。专注于下一阶段的准备工作。你们可以轮流提出自己的想法，再倾听伴侣的意见。然后你们用分开的时间去重新专注于自己的目标。接下来你们聚在一起澄清你们是要试着达成什么。完成这一步后，你们试着达成妥协。今天你们能达成的和解，明天也应该有效。不要试图催促对方。你可以像商业谈判那样去谈话，也可以在情感层面下功夫。这需要时间，不能急于求成，要慢慢来。婚姻状况如果有风险的话，你更需要谨慎处理。谈判是每一个美好的婚姻中的必备技能。

11 共同抚养孩子

　　在这个时代养育孩子并不容易。当今，许多人仍然生活在被严格要求又压抑的童年影响下。有些人认为被严格要求的童年有助于孩子的发展。那么，怎样才是最好的养育呢？我们在前几章讨论的关于伴侣之间关系的许多关系模型也适用于父母和孩子之间的关系，即使这两种关系本身完全不同。孩子依赖父母。父母帮助他们的孩子成长并获得独立。这种关系没有对错之分。父母必须掌控抚养孩子的过程。

两种极端的教养方式

限制性教养

在这种养育孩子的方式中，对孩子有一种根本的不信任。孩子被认为是天生的弱者和坏人，除非有相反的证据出现。孩子不能靠自己完成任何事情。父母必须限制他们。例如，父母将他们两岁的孩子整天关在游戏围栏里，这样孩子就不会给他们惹麻烦，也不会妨碍到他们。事实是，他们严重限制了自己的孩子。不允许15岁的孩子参加班级聚会，不允许12岁的孩子加入足球队，不允许13岁的孩子与他在假期遇到的女孩通信。在这种养育孩子的方式中，孩子们没有机会自己去犯错。例如，孩子们完成了家庭作业，然后他们的父亲来改错。他们最终取得了好成绩，但这不是他们自己做的。他们不觉得自己有什么成就，因为这一切都是在父亲的监督下完成的。

极度限制性的教养会让孩子即使是在成年后也会依赖他人。如果一个10岁的孩子（无论出于何种原因）不仅不被允许去学校，而且洗澡、穿衣都由父母一手包办，不被允许在没有监督的情形下玩耍，从来没在街上骑过自行车，那么就有大问题了。在这种极端情况下，孩子的个人发展空间很小，而这一空间对于成为一个独立和功能正常的成年人来说至关重要。很多时候，像这样的孩子会需要更多关注（被宠坏了）。有时父母会通过深入影响孩子的自信心来惩罚孩子。

一位妈妈在夜深人静的时候叫醒孩子，只是为了再次对他们大吼大叫，指责他们是极糟糕的孩子。即使晚上睡在床上，他们也难逃母亲的怒火。这些极端约束孩子的教养方式源于这类父母，他们相信只有让这些孩子垂头丧气、丧失自己的意志，他们才能被养育好。这些父母认为他们需要用严厉的方式给这些孩子上一课。这种教养方式的目的是创造顺从和依赖他们的追随者。

如果父母在某些领域限制他们的孩子，孩子会学到有限制是什么感觉。每个孩子都需要体验限制的要求。经历过孩子在骑自行车时遭遇事故并受重伤的父母，可能不会再允许孩子在街上骑自行车了。如果孩子被允许在成长过程中去扩展其他不同的领域，那么这也不会是什么重大创伤，比如孩子会花更多的时间和朋友一起玩，加入青年团体或足球俱乐部。

父母如果想让孩子懂得责任感和努力的意义，就会要求孩子帮忙做家务和负责一些任务，以此来教导孩子努力是有回报的。孩子被要求做的工作自然取决于他的年龄。

没有指导的教养

养育孩子的另一种极端方式是父母给孩子太多的自由、没有限制、给予无限的关爱和物质财富。在这种情况下，父母要考虑孩子的发展水平。许多人会觉得让一个六岁的孩子自己决定什么时候上床睡觉、看什么电视节目、什么时候吃饭等是不可接受的。父母允许这种情况发生的原因可能有很多。也许从非权威的角度你允许孩子做出自己的决定；也许你这样做是为了避免与孩子发生冲突，或者是因为对孩子缺乏兴趣。最终，这对孩子的影响是一样的：孩子长大后迷失在这个世界中，不确定世界的局限性。他们无法获得独立。要想真正独立，在成长过程中就需要一段时间的指导。极端缺乏行为约束的孩子对父母也会产生不利影响。父母会对孩子产生内在的敌意，总有一天会对孩子发火。这些孩子在成长过程中不顾及他人，成为难以驾驭的"小暴君"。

一对带着四岁孩子的夫妇寻求专家帮助。他们俩都筋疲力尽了。他们的孩子不想睡觉，父母双方轮流坚持陪着。他们甚至不能关灯，否则孩子会哭。这个孩子正在恐吓其父母，他们都因此非常紧张。他们并没有意识到让孩子哭出来并体验没有父母随叫随到的感觉是可以的。这会让孩子在权力的位置上感到不稳定。这些孩子没有学会去发现自己的自主空间。所有的东西都放在一个银盘子里给他们。这些在没有限制的情况下长大的孩子往往一生都感到沮丧。他们不会学着去适应其他人或其他情况，也不会学着去应对不可避免的阻碍。这些孩子一直学不会应对挫折或不幸。他们不会学着面对现实的世界。

这种不受限制的教养会对孩子产生破坏性影响。我回想起一对夫妇，他们的孩子都经历过烧伤，因为他们没有教任何一个孩子要远离炉子上的明火。无力的父母通过不教给孩子行为界限而伤到了孩子。这种不干预也是虐待儿童。

这两种类型的教养方式都是非常极端的。以健康的方式抚养孩子介于这两种极端方式之间。在这两者之间找到一个愉快的平衡点是更可取的：既让孩子发现自己的领地但也要有足够的监督，需在这两者之间取得微妙的平衡。

父母对孩子的监督力度不断减小，而孩子的个体性在逐渐增强，这两者同步进行是最好的。尽管监督仍然是最重要的。过早地给予孩子自主权对孩子的身心健康不利。在青春期，随着监管的减少，独立性会突飞猛进。在这个阶段，人们并不总是很清楚哪些方面仍需要监督。然而，"年轻人"仍将遵守"家规"。如果他们在青春期后仍然留在家里，那么年龄在规则方面并不重要。

领导和监督的条件

拥有权威

要管好孩子，父母必须拥有权威。父母双方都必须比孩子更有掌控力。父母和孩子之间必须有明确的界限。当女孩为了防止母亲自杀而监视母亲时，角色是颠倒的。在这种情况下，女孩比她的母亲更负责，并扮演起成年人的角色，而她的母亲则扮演需要被监督的孩子的角色。从长远来看，这可能对双方都有害。在角色颠倒的情况下，父母和孩子之间的界限发生了错位。通常若母亲不能充分扮演伴侣的角色，那孩子就会替代伴侣。父亲与儿子关系紧密，母亲与两个女儿关系密切。这两个群体掩盖了父母多年来一直不稳定的糟糕婚姻。

共识

只有当父母对孩子养育中什么是重要的这点达成共识时，权威才会起作用。父母之间的大致共识是充分协商的结果。他们讨论了在如何抚养孩子方面的分歧，并达成了大致的共识。如果大坝有裂缝，所有的水都会经它流走。也就是说，如果父母在养育孩子方面存在意见分歧，孩子会选择态度最宽容的一方。这可能会让父母彼此对立。当孩子在场时，父母之间的冲突可能会加剧，从而导致冲突升级。这会让孩子在父母身上获得更多的领地。"我觉得可以，但你妈妈不同意"是一个非常矛盾的声明。你们最好在孩子面前作为一个父母团体出现："我们已经决定……"

当孩子长期面对父母间的矛盾意见时，他们几乎从所有的事情中逃脱。父母中的一方说他们应该去游泳，另一方则禁止他们。孩子们会因此出现一些奇怪的行为。

父母不必从一开始就在所有事情上达成一致，只要他们在涉及重要决定时对孩子表现出统一战线即可。孩子们问他们的母亲是否允许他们做某事，然后告诉她通知父亲。母亲让步答应，而丈夫感觉自己被排除在决策过程之外，因此，母亲使自己在丈夫面前处于不利的位置。父亲的反应是对孩子们更严格："我会让他们知道到底谁说了算！"结果母亲更加为孩子们挺身而出："你太不讲理了！"

后果

后果生效意味着不遵守规则的话会有相应后果。你必须在教导与强化规则之间不断重复。孩子们必须学习你对他们的期望。规则不会每天都在变化，但也不会永远保持不变。孩子们需要遵守规则，有时你需要口头明确规定：提醒孩子规则是什么，并告诉他们不遵守规则的后果。通常口头提醒就足够了，但有时你需要使用适当的惩罚。重要的是，当时在场的家长须立即亲自处理（不要以"等你父亲回家……"作为威胁）。奖励必须是奖励而不是自相矛盾的，比如说"你做得很好，但是这本来可以做得更好"。惩罚也应该是实际的惩罚。不要责骂孩子，然后立即道歉，并通过关注和宠溺他们来弥补。鼓励和奖励比惩罚更有效，我们会在下一部分谈到这点。

婚姻中的智慧

规则

要抚养孩子，你必须制定一些孩子必须遵守的准则或规则。这些规则有明显的目的，它们不是为了向孩子们展示"谁说了算"或展示"纪律的存在"。规则是必要的，因为养育孩子是一个需要监督的长期过程。

一个家庭需要规则来规范家庭生活。规则可以调节家中的互动。如果这些规则没有制定到位，就会出现混乱。这些规则包括家务劳动、时间管理、尊重他人领地和其他家庭成员的权利。

父母可以制定这些规则以更好地对他们的孩子负责。他们为孩子们的成长和行为界限的学习营造了一个安全的良好环境。养育孩子并教他们尊重自己的界限，同时还要倾听孩子的声音并在不同情况下考虑到他们的想法。随着孩子的成长，他们经常提出可以在新规则中实施的好主意。孩子们喜欢积极参与并承担新的责任。然而，最终的决定权，最终的责任，还是在父母身上。例如，在周日早上，每个人都会等到全家人到场后再吃早餐。这是整个星期中仅有的家人可以在一起聊聊天的时刻。

孩子的问题

当孩子出现问题时，第一个问题通常是："这是谁的问题？是父母的问题还是孩子的问题？"如果沃尔特在学校和他最好的朋友吵架，晚上他仍然为此烦恼，那是孩子的问题；如果妈妈对女儿的着装有看法，那就是妈妈的问题。

如果孩子有问题，那么最重要的就是积极倾听孩子的心声。积极倾听意味着真的去尝试了解是什么困扰着孩子，真正倾听他们在说什么，并试着了解孩子正在经历什么。这一点做得还远远不够。大多数父母都会用以下方式来打发孩子：好的建议（"明天要好好表现。"），警告（"如果你明天再和米兰吵架，他就不想再做你的朋友了。"），解决方案（"明天表现得更友善些，现在别多想了。"），不赞成（"尽量不要打架，那不好！"），诠释（"我想你肯定做了什么事引发了争执。"），一些套话（"男孩得像个真正的男子汉。"）。

像这样打发一个孩子，你就夺走了他们的声音。通过实际聆听和转述孩子正在经历的事情，你会给他们一种被认可和被接受的感觉。你给孩子一个去寻找自己问题的解决方案的机会。这里父母的行为与父母处理其他状况时没有太大区别。

如果父母有问题，有两种解决问题的方法。第一种方法是"我"的信息。这意味着家长向孩子界定当前的问题："你穿那件衣服去学校让我很生气。"父母没有说明孩子应该怎么做，而是把解决方案留给孩子。孩子可能不在乎，也没有做出相应的反应。在这种情况下，我们继续看下解决问题的第二种方法，即父母将以命令的方式说明期待的行为。与其说"你应该上床睡觉，因为你累了"，不如说"上床睡觉，因为我累了（我烦你了）"。不要试图隐瞒这是一个命令而不是任何形式的讨论或建议的事实。一个命令就是一个命令，要使用具体的，直截了当的语言。

如果问题涉及孩子和父母双方，那么可以进行协商。使用这种方法，你必须为孩子提供足够的空间来陈述他们的情况。在你寻找解决方案的阶段，鼓励孩子想出尽可能多的解决方案来改善现状。

教孩子某些行为

你可以用两种方法教导孩子的行为。一种是通过模仿（仿效或接管）。例如，孩子们害怕雷雨，因为他们的父母也害怕。另一种教导行为的方法是奖励某些行为。奖励将增加重复先前行为的机会。例如，当马修清理桌子时，他的父亲说："我喜欢你清理桌子！"

还有两种可能的奖励。一是物质奖励，比如一块水果、一个玩具或金钱。二是社会性奖励，例如关注、专心倾听或给予孩子积极的评价或反馈。

物质奖励通常具有短期效果。它们通常与小的社会性奖励搭配使用。社会性奖励对积极行为有更大的影响，因为它们能鼓励未来更多的积极行为。一位父亲对女儿的良好职业道德表示赞赏。这种欣赏使她更加努力地工作并完成更多的家务。她的父亲对她的工作表现出自豪感，这让他的女儿更加兴奋而竭尽全力让他开心。一般来说，建议通过即时和直接的物质奖励来鼓励孩子，并辅以社会性奖励。随着时间的推移，这种物质奖励可以减少，有正面鼓励和关注就足够了。

你如何确保不想要的行为不再发生？许多人认为惩罚不良行为会减少这种行为。如果你惩罚粗心，这种粗心会减少吗？结果并非总是如此。惩罚很少仅仅是一种惩罚。许多形式的惩罚都隐藏着社会性奖励。如果你花时间教训你的孩子，告诉他他做错了什么，孩子可能会很高兴他最终得到了你的一些关注。出于这个原因，不同的惩罚并不都是同样有效的。你最好是取消一些福利（不允许吃甜食，不允许看电视，哭时不会引起任何注意；等等），而不是主动惩罚孩子。惩罚孩子也有一个缺点，即你在传达你不期许的行为，而不是你想要看到的行为。惩罚孩子会导致恶性循环。孩子们在抱怨，这激怒了生气的母亲。孩子们对他们的母亲如此恼火而感到兴奋，并更加喧闹。妈妈通过提高声音来显示谁占上风，孩子们开始大喊大叫，并对他们的母亲产生怨恨。母亲对孩子们的行为也感到不满。

在尝试预防不良行为时，你必须问问自己，你是否有在支持你试图根除的行为。你在用你的行为奖励孩子吗？孩子们也可以训练他们的父母。一位父亲过于频繁地提高自己的声音，并觉得这很烦人，他想要改变这点。当孩子们吵架时，他试图用冷静而平和的理性声音来制止他们。可两个孩子都没有反应。父亲失去了耐心，冲着他们俩大喊大叫。结果，两个孩子都安静下来。这种安静是对发脾气的父亲的奖励。下次他可能会先尝试一下喊叫。婴儿哭了，妈妈把他抱起来，这是对哭泣的奖励。婴儿停止哭泣，抱起孩子的母亲得到奖励。然后婴儿每次哭的时候，妈妈都会抱起婴儿。

有时，父母会教给孩子一种几乎无法消退的行为。父母都在床上，他们三岁的孩子在隔壁房间哭。他们知道，要让他哭出来，可以不理他一会儿。突然，孩子开始更大声哭闹，这让父母中的一位焦急起来，觉得真的有什么事，起身去看他。他们会时不时地在他大哭了许久之后去看他。孩子"学会"了哭泣和坚持。如果他保持足够长的时间，一位家长可能会来看他，这就是对他的奖励。继续这个哭泣反应就成为不会消退的行为。

在改变行为方面，你可以使用以下步骤。

（1）你必须教导新的行为吗？

遇到小问题，你可以奖励孩子每次表现出的积极行为。如果这是一个大问题，则取决于问题是什么。问题发生的频率如何？你希望孩子表现出什么样的行为？你可以要求孩子在行为上做出一些改变。如果孩子以积极的变化做出回应，你可以通过物质奖励和正反馈互动来奖励孩子。如果这种行为可以持续了，你就将给他们的奖励与下一步的行为改变联系起来。

（2）你必须根除不良行为吗？

一个问题是：我们是否在奖励这种不良行为？批评你的孩子可能意味着你在孩子的行为上花费了太多时间，而这对孩子来说可能是一种奖励。解决这个问题的一种可能方法是忽略孩子烦人的行为，就好像它不存在一样。你也可以奖励孩子的积极行为：如果孩子开始抱怨，不要管他；如果他提出问题，你可以回答；如果真的需要惩罚，你可以从剥夺他们的特权开始。对于年幼的孩子，"暂停法"通常就足够了。

为了能够实现这些，父母需要就如何共同抚养孩子一起讨论并达成一致。他们必须通过协商和妥协才能达成他们都支持的协议。最好是他们一起告诉孩子父母对他们的期望，以及赞许的积极行为。他们必须在整个家庭中平等地实施家规。负面关注也必须考虑在内。如果事情进展顺利，你通常会认为这是理所当然的；当事情进展不顺利时，孩子似乎会得到更多关注。当孩子们一起安静地玩耍时，父母就坐下来看报，他们忘记了奖励好的行为。当孩子开始吵闹时，父母会用注意力奖励他们的消极行为。关注积极行为会更好，也更有效。

结语：爱是动词吗？

你可以从两个方面来看待爱情：它是你可以在内心深处找到的东西，或者你可以努力去实现的东西。在本书中，我们认为在亲密关系和婚姻中一起生活是你可以努力去实现的事情。

婚姻还包含其他方面，比如一起生活的冲动、对彼此的渴望、感觉彼此在情感和性方面被吸引、彼此感到很幸福、需要分享爱和痛苦、在亲密和愤怒中充满激情、为彼此烦恼和着迷，或是单纯享受彼此的陪伴。

这里我们就同居和婚姻的各个方面一一展开讨论。本书是关于在一段亲密关系中你可以控制和影响什么的。我们如此频繁地重述一些要点，是为了表明只要你愿意，你实际上可以在亲密关系中改变。这并不意味着你能够与任何人一起生活，真正爱一个人不仅仅只靠努力付出，谢天谢地，否则"爱"也将只是一个"动词"。

致　谢

　　这本书是由约翰·韦尔赫斯特（Johan Verhulst）开创的口述传统的作品。他为一个为期三周的治疗项目奠定了基础，在这个项目中他触及了本书中的所有主题。他收集并整理了我们第一次在此汇总的一些见解。我们非常感谢他的工作。

　　我们感谢三千多对夫妇同意使用这些做法来改善他们的关系。他们使我们的理论在一段段亲密关系中有了生命，并帮助我们重塑这些理念。

　　我们还要感谢比塞（Buyse）教授，他让建立亲密关系沟通交流中心成为一个现实，进一步发展了它，并让它在财务困难时期保持良好运转。我们也感谢奈斯（Nijs）教授对亲密关系沟通交流中心以及在天主教鲁汶大学的家庭与性研究所所做的承诺。我们也感谢孔（G. Kongs）博士继续支持萨乌马特中心的工作。

此外，我们要感谢亲密关系沟通交流中心的许多现在和以前的工作人员，他们协助形成了所有关于此项目的想法。特别是维娃·维尔姆斯（Veva Wilms）、丹尼·维斯特拉滕（Danny Verstraeten）、莫琳·卢恩斯（Maureen Luyens）、列文·米格罗德（Lieven Migerode）、彼得·罗伯（Peter Rober）、玛丽安（Marianne）、科尔·巴克－拉布道（Cor Bakker-Rabdau）。

我们要感谢部分章节初稿的作者："认识自己和伴侣：迷思"，约翰·韦尔赫斯特（Johan Verhulst）；"性关系"，列文·米格罗德（Lieven Migerode）；"婚姻发展阶段和转变"，丹尼·维斯特拉滕（Danny Verstraeten）；"共同抚养孩子"，雨果·默滕斯（Hugo Mertens）。

感谢珍妮·博纳斯特（Jenny Bonnast）卓越的记录工作。

还要特别感谢莫琳（Maureen）、黛布（Deb）、罗尔夫（Rolf）、马蒂亚斯（Mattias）和彼得（Pieter）为我提供开始这项工作的动力，并鼓励我继续完成这项工作。他们知道，不管有多难，写下来一般还是比将之应用到实际生活中更简单。

本书的其他语言版本

Liefde is een werkwood. Tielt, Lannoo, 2017.

Liefde is 'n werkwood. Cape, CUM, 1989.

Liebe ein Tätigkeitswort. Munich, Claudius, 1993.

H Agapij einai energeia. Athens, Ellenike Grammata, 1995.

Vivere l'amore. Milan, San Paolo, 1995.

Amor: palabra de accion. Buenos Aeres, Lumen, 1998.

Befor die Liebe Alltag wird. Heidelberg, Carl Auer, 2007.

A szeretet cselekvést jelent. Budapest, Ursus Libri, 2010.

(*Before the love*) Taiwan, Catholic Window Press, 2011.

La vie à deux: mode d'emploi. Bruxelles.Deboeck, 2013.

图书在版编目（CIP）数据

婚姻中的智慧：夫妻相处之道 /（比）阿尔方斯·万斯特文根（Alfons Vansteenwegen）著；许书萍，陈蓓雯译 . -- 北京：社会科学文献出版社，2024.8
（华东政法大学社会工作译库）
书名原文：The good enough couple: Rules for a relationship
ISBN 978-7-5228-3174-9

Ⅰ.①婚… Ⅱ.①阿… ②许… ③陈… Ⅲ.①婚姻 - 家庭关系 - 通俗读物 Ⅳ.① C913.13-49

中国国家版本馆 CIP 数据核字（2024）第 024386 号

华东政法大学社会工作译库
婚姻中的智慧
——夫妻相处之道

著　　者 /〔比利时〕阿尔方斯·万斯特文根（Alfons Vansteenwegen）
译　　者 / 许书萍　陈蓓雯

出 版 人 / 冀祥德
责任编辑 / 胡庆英
责任印制 / 王京美

出　　版 / 社会科学文献出版社·群学分社（010）59367002
　　　　　地址：北京市北三环中路甲 29 号院华龙大厦　邮编：100029
　　　　　网址：www.ssap.com.cn
发　　行 / 社会科学文献出版社（010）59367028
印　　装 / 三河市龙林印务有限公司

规　　格 / 开　本：787mm×1092mm　1/16
　　　　　印　张：18.25　字　数：172 千字
版　　次 / 2024 年 8 月第 1 版　2024 年 8 月第 1 次印刷
书　　号 / ISBN 978-7-5228-3174-9
著作权合同
登 记 号 / 图字 01-2021-5449 号
定　　价 / 89.00 元

读者服务电话：4008918866